全国职业培训推荐教材
劳动和社会保障部教材办公室评审通过
适合于职业技能短期培训使用

挡车工基本技能

柳吹伦　祁丽萍　编写

中国劳动社会保障出版社

图书在版编目(CIP)数据

挡车工基本技能/柳吹伦，祁丽萍编写. —北京：中国劳动社会保障出版社，2004

职业技能短期培训教材

ISBN 978-7-5045-4798-9

Ⅰ. 挡…　Ⅱ. ①柳…　②祁…　Ⅲ. 机织-看管操作法-技术培训-教材　Ⅳ. TS105

中国版本图书馆 CIP 数据核字(2004)第 118219 号

中国劳动社会保障出版社出版发行

(北京市惠新东街1号　邮政编码：100029)

出 版 人：张梦欣

*

北京金明盛印刷有限公司印刷装订　新华书店经销

850 毫米×1168 毫米　32 开本　3.25 印张　83 千字

2005 年 1 月第 1 版　2014 年 11 月第 13 次印刷

定价：7.00 元

读者服务部电话：010-64929211/64921644/84643933

发行部电话：010-64961894

出版社网址：http://www.class.com.cn

前言

职业技能培训是提高劳动者知识与技能水平、增强劳动者就业能力的有效措施。职业技能短期培训，能够在短期内使受培训者掌握一门技能，达到上岗要求，顺利实现就业。

为了适应开展职业技能短期培训的需要，促进短期培训向规范化发展，提高培训质量，劳动和社会保障部教材办公室组织编写了职业技能短期培训系列教材。这套教材涉及第二产业和第三产业50多个职业（工种）。在组织编写教材的过程中，以相应职业（工种）的国家职业标准和岗位要求为依据，并力求使教材具有以下特点：

短。适合15~90天的短期培训，在较短的时间内，让受培训者掌握一种技能，从而实现就业。

薄。每种教材都是一本小薄册子，字数一般在10万字左右。教材中只讲述必要的知识和技能，不详细介绍有关的理论，避免多而全，强调有用和实用，从而将最有效的技能传授给受培训者。

易。内容通俗，图文并茂，容易学习和掌握。教材以技能操作和技能培养为主线，用图文相结合的方式，通过实例，一步步地介绍各项操作技能，便于学习、理解和对照操作。

这套教材适合于各级各类职业学校、职业培训机构在开展职业技能短期培训时使用。欢迎职业学校、培训机构和读者对教材中存在的不足之处提出宝贵意见和建议。

劳动和社会保障部教材办公室

简　介

本书是细纱运转工和织布挡车工的培训教材，主要内容包括：纺部生产基本知识、细纱值车工操作、细纱落纱工操作、摇车工操作、气流纺操作，织布挡车工基础知识、有梭织机挡车工操作、无梭织机挡车工操作，以及安全基础知识。

本书在编写过程中，力求做到图文并茂、通俗易懂，使读者便于掌握纺织基础知识和操作技能。

本书适合于职业技能短期培训使用。通过培训，初学者或具有一定基础的人员可以达到上岗的技能要求。

本书由柳吹伦、祁丽萍编写，丁蕴审稿。

目　录

第一单元　细纱运转工基本技能

模块一　纺部生产基本知识

一、纺织纤维基本知识

1. 纺织生产所用的原料是纺织纤维。

2. 常用的纺织纤维有天然纤维（如棉、麻、毛、丝）和化学纤维（如涤纶、腈纶、锦纶、维纶、丙纶、氨纶、粘胶）。

3. 纺织纤维多能吸收水分，吸收水分的多少称为纺织纤维的回潮率。

纤维吸收的水分多，则回潮率大；纤维吸收的水分少，则回潮率小。

$$回潮率=\frac{纤维所含的水分质量（湿重-干重）}{纤维没有水分时的质量（干重）}\times 100\%$$

4. 纯纺纱线和混纺纱线

只有一种纤维成分的纱线称为纯纺纱线。如只用棉纤维纺成的纱线叫做纯棉纱线。

含有两种（或两种以上）的纤维（或成分）的纱线称为混纺纱线。如用80％的棉纤维与20％的涤纶纤维混纺成的纱线叫做80/20 棉/涤混纺纱线。

由纤维经纺纱加工所得到的是纱（单纱），由两根（或两根以上）的单纱再经加工所得到的是线（股线）。

二、纺纱生产基本知识

1. 纺纱生产工艺流程

以纯棉普梳为例，传统纺纱的生产工艺流程如下：

开清棉工序→梳棉工序→并条工序→粗纱工序→细纱工序→后加工工序

细纱生产是纺纱生产过程中最终成纱的一道工序。棉纺厂的规模、生产能力的大小，一般总是以细纱机的锭数为标志，并根据细纱工序的生产能力来配备前后道工序的机械设备，细纱工序的产量、质量、消耗、看台能力、劳动生产率、断头率等水平都作为衡量一家棉纺厂生产技术和管理水平高低的重要内容。因此，细纱工序在纺纱过程中占主要地位。

2. 细纱机的工艺过程

细纱机的工艺过程如图 1—1 所示。粗纱从吊锭 1 上的粗纱管 2 退绕下来，经过导纱杆 3 及缓慢来回移动的横动装置 4，喂入牵伸装置 5 进行牵伸。牵伸后的须条由前罗拉 6 输出，经导纱钩 7 穿过钢丝圈 8，加捻后绕到紧套在锭子 9 上的细纱管 10 上。锭子高速回转，通过张紧的纱条带动钢丝圈高速回转。钢丝圈每回转一圈，就在牵伸后的须条上加上一个捻回。钢丝圈的回转速度慢于细纱筒管的回转速度，两者的速度差异使前罗拉连续输出的纱条有效地卷绕到细纱筒管上。由成形机构控制，钢领板 11 按一定的规律升降，使加工出来的细纱按一定形状要求绕成细纱管纱。

三、细纱机的机构名称与作用

目前国内使用的细纱机型号比较多，有国产新机（如 FA502、FA506、FA508 等）、引进新机，还有部分是解放前老机改造的，但其机械作用原理和主要组成机构基本相同。

1. 喂入机构

喂入机构由粗纱架、导纱杆、横动装置等组成。

粗纱架是用来放置粗纱的架子。

导纱杆用来引导粗纱退绕，有利于降低粗纱退绕时的张力，减少意外牵伸。

横动装置使纱条在牵伸过程中不固定在胶辊、胶圈的同一部

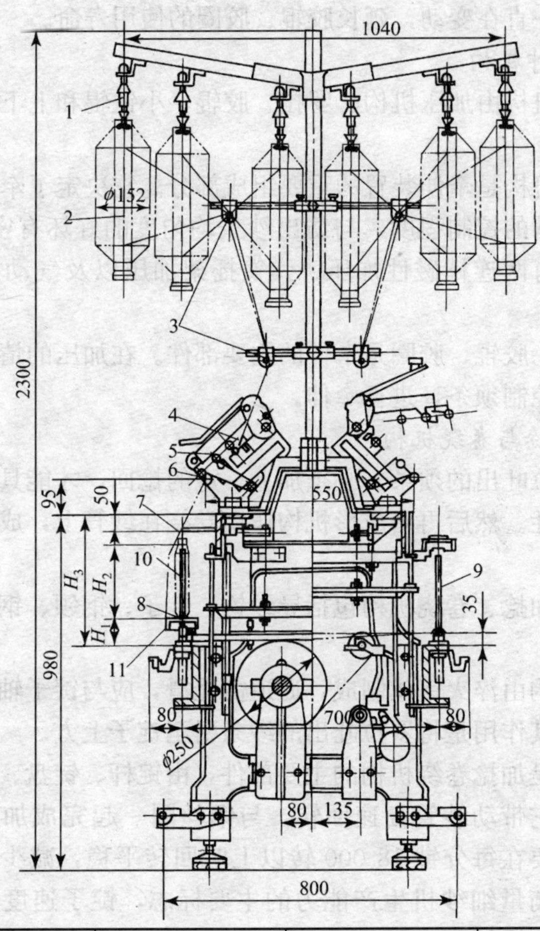

升降	H_1	H_2	H_3
205	75	205	365
180	75	180	340
165	90	165	340
155	90	156	340

图 1—1　FA506 型细纱机工艺流程

位而位置一直在变动，延长胶辊、胶圈的使用寿命。

2. 牵伸机构

牵伸机构由加压机构、罗拉、胶辊、小铁辊和上下销、胶圈等组成。

加压机构是牵伸装置的重要组成部分。它决定了牵伸过程中对纤维运动的控制程度，与纺出纱条均匀度的好坏有密切关系。加压机构有两连杆磁性加压、弹簧摇架加压以及气动加压等形式。

罗拉、胶辊、胶圈是牵伸的主要部件。在加压的情况下，罗拉与胶辊控制须条，进行牵伸。

3. 加捻与卷绕机构

由罗拉吐出的须条，必须加上一定的捻回，才能具有一定的强力、弹性。然后再由成形机构作用卷绕在纱管上，成圆锥形的管纱。

细纱加捻、卷绕机构包括导纱钩、锭子、钢领、钢丝圈和纱管等。

导纱钩由淬火钢丝制成，通道需光滑，应与锭子轴线在同一直线上。其作用是将罗拉吐出的纱条引至锭子上方。

锭子是加捻卷绕机构的主要部件，由锭杆、锭盘、锭胆和锭脚组成。它带动纱管高速回转，与钢丝圈一起完成加捻卷绕作用。锭子要在每分钟 18 000 转以上时回转平稳，减少断头。锭子速度是衡量细纱机生产能力的主要标志，锭子速度快则产量高，但用电增加。

钢领是钢丝圈高速回转的轨道，表面具有较高硬度，良好的光洁度，支承钢丝圈线速度每秒钟 30 m 以上时圆滑回转。它应有一定的平整度、圆整度和稳定的摩擦系数，里跑道平整无缺口，否则会造成断头，影响质量。

钢丝圈是纱条加捻、卷绕的关键部件，钢丝圈的回转数即纱条的捻回数，在单位时间内钢丝圈回转数比锭子回转数少，两者的转速差异导致了纱条卷绕在纱管上。钢丝圈型号必须与钢领型号配套，号数根据纺纱号数等选定，如选用不当，会增加断头、影响质量。运转操作中一定要引起重视，不能随便套用。

4. 成形机构

在卷绕过程中要求纱管上的纱卷绕尽可能多一些（直纺纡除外），因此要卷绕紧密，层次分清，以便后道高速退绕加工及运输方便。

细纱成形由钢领板升降来控制，一般采用短动程升降。每次升降后有一定的级升，形成圆锥形的管纱。钢领板一般上升慢，下降快，使管纱形成绕纱层、束缚层，防止纱层重叠，造成退绕时脱圈。

5. 吸棉装置

细纱机断头后，罗拉继续将须条吐出，如果须条飘出会造成邻纱断头或须条卷绕在罗拉、皮辊上，造成接头困难。因此利用吸风装置将须条吸在滤棉箱内，使断头后的须条不会散失，既能节约用棉、减少飘断头，又能使车间空气清洁。

模块二　细纱值车工操作

一、交接班工作

要树立上一班为下一班服务的思想，做到既要加强团结，又要严格分清责任，交班以交清为主，为接班者创造良好的生产条件，接班以检查为主，把好质量关。

1. 交班做到三清

（1）讲清：生产变化情况要讲清，如翻品种、调整工艺、平揩车、换皮辊敲锭子、开冷车等情况。

（2）接清：车上断头要接清，粗纱要装齐，空锭要讲清。

（3）做清：全面做好地面和机台的清整洁工作。

2. 接班做到“一提前”“二了解”“三检查”

(1) 一提前：提前15～20 min到达生产岗位。

(2) 二了解：主动了解上一班生产情况，如断头、平揩车、品种翻改等，主动了解上一班生产情况。

(3) 三检查：查粗纱固定供应执行情况。查牵伸部分，如集棉器、销子、扎钩、皮辊、皮圈、摇架等部件运转是否正常。查加捻部分，如纱管是否插错、空锭等。

二、巡回工作

1. 巡回路线

采用单线巡回、双面照顾的巡回路线，有规律地看管机台，在巡回中同时照顾弄堂二面的断头、粗纱，防疵捉疵和合理安排各项清洁工作。

根据不同的看台数，采用不同的巡回路线，看管三条弄堂以下，采用挨弄看管的巡回路线；看管三条弄堂以上采用跳弄看管的巡回路线。

图2—1为看管三条车弄的挨弄看管的巡回路线，其中虚线为第一个巡回路线，直线为第二个巡回路线。

图2—1 挨弄看管的巡回路线

图2—2为看管三条车弄以上的跳弄看管的巡回路线。

2. 巡回计划

加强巡回工作计划，不能头痛医头，脚痛医脚，疲于奔命，忙于应付。这有赖于个人经验的积累，工作中要多动脑，勤思考，要有预见性和灵活性。每一落纱和每一个巡回是一个工作单

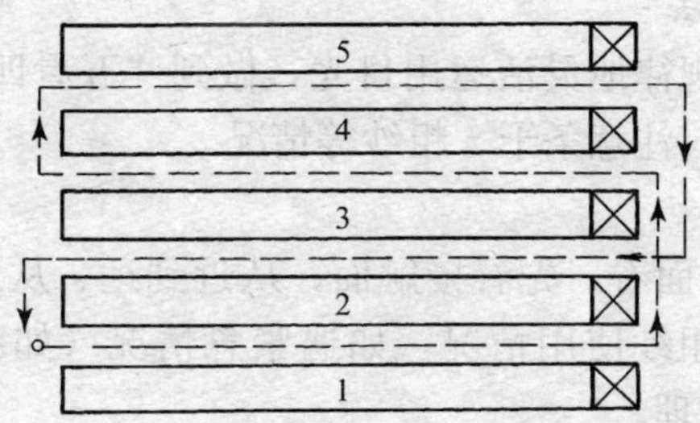

图 2—2　跳弄看管的巡回路线

位，要掌握断头规律，分清轻重缓急，将各项清洁工作合理均衡地安排到每一落纱和每一个巡回中去做，减少巡回差异，均匀劳动强度，使工作由被动变主动。

（1）掌握断头规律，主动安排各项工作。

1）纺小纱时断头多，跳筒管多，可少做甚至暂时勿做清洁工作，集中处理断头。清洁工作适时做好，对纺纱生产和成纱质量都有利，不能忽视。

2）中纱断头少，此时应多做一些清洁工作，如卷皮辊、皮圈、车面及检查质量等工作。

3）大纱时，做好落纱前准备工作，如可以把要换的粗纱适当提前换上，防止小纱时出现忙乱现象。

（2）掌握“三先三后”的操作原则。

1）先易后难，先接容易的头，后处理难接的头，缩短纺皮辊花时间，减少白花。

2）先紧急后一般，遇到快要用完的粗纱和身边又有断头，应先换粗纱后接断头。

3）先左后右和先右后左：相邻几只粗纱同时要换时，应先左后右，在盘粗纱即将结束时，右手拿下另一只粗纱（筒脚）双手同时操作可以节省时间。相邻同时出现几个断头时，应先右后左两手同时操作可节省时间。

3. 巡回方法

巡回时有规律地灵活运用目光，做到“五看四不漏”，全面照顾两面断头，注意条干、粗纱等情况。

（1）五看。

1）进弄全面看。先看接触面，从近到远、从远到近；再看断头，最后看粗纱使用情况，如遇紧急情况（如飘头、跳筒管等），要及时处理。

2）车弄中间定点看。采用三段七步一点方法，在巡回时如目光以右面为主的定点看应先看左面；反之左面为主的，应先看右面的断头粗纱情况。转身时脚移动半步，左右脚呈丁字形，看断头时做到不漏头，看粗纱时做到不漏疵。

3）换粗纱、接头、做清洁工作要灵活看。打擦板时先仔细看擦板一段断头、飞花，后看粗纱疵点，同时利用换粗纱盘粗纱时和做清洁工作时的间隙看周围断头和粗纱疵点。

4）出弄堂回头看。目光顺着转向回头看时从近到远看清断头和粗纱情况。做到心中有数，预计下一次巡回计划数。

5）跳弄稍带看。在跳弄看管时，目光从远到近，注意断头和粗纱情况，计划下一步工作，断头及即将用空的粗纱可在车头或车尾 24 锭之内处理。对弄内出现飘头、跳筒管等紧急情况可进入车弄处理。

（2）四不漏。

运用以上五看，还要做到四个不漏。

1）打擦板时左右不漏头。

2）换粗纱时周围不漏头。

3）做清洁工作时身后不漏头。

4）进出弄堂时，车头、车尾不漏头。

三、单项操作

单项操作指细纱接头、换粗纱，它是细纱挡车工的两项基本操作，也是执行全项操作的基础，接头、换粗纱的好坏直接关系到产品质量和工作效率。为此必须在保证质量的同时提高单项操作速率，做到质量好，速率快。

1. 接头

接头采用顶管接头法。动作要求是：简单连贯、准确迅速。质量要求是：无帽子头、无螺钉头、无白头、无细节。

接头操作特点：要求接头前的准备动作做到五快：拔管快、寻头快、套钢丝圈快、插管快、套导纱钩快；二短：引纱短、提纱短；接头时的动作做到二好：定位好、质量好。掌握接头四字经验：挺、近、准、轻。

（1）拔管要快、轻，先垂直拔，脱离锭子塔即管尖偏左倾斜拔出，避免顶翻叶子板。

1）小纱、中纱拔管时用左手拇指、食指、中指三指为主，其他二指为辅，握住纱管中上部拔出，如图 2—3、图 2—4 所示。

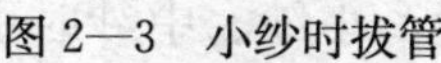

图 2—3　小纱时拔管

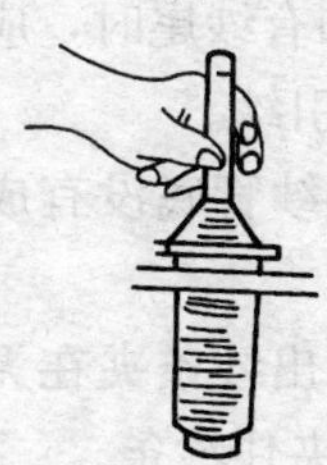

图 2—4　中纱时拔管

2）大纱拔管：用右手拇指、食指、中指三指在纱管底部向上托起，同时左手拇指、食指、中指三指拔出纱管，如图 2—5 所示。

3）拔管注意点：拔管不顶翻叶子板，在拔管后，纱管尽量靠近叶子板，不要往身边靠，并准备寻头。

（2）寻头快。

1）左手将纱管拔出后，眼睛立即看准纱管斜面，找出纱头，并同时用右手拇指和弯曲的食指第一节在纱管斜面捏住纱头带捻引出，如图 2—6 所示。

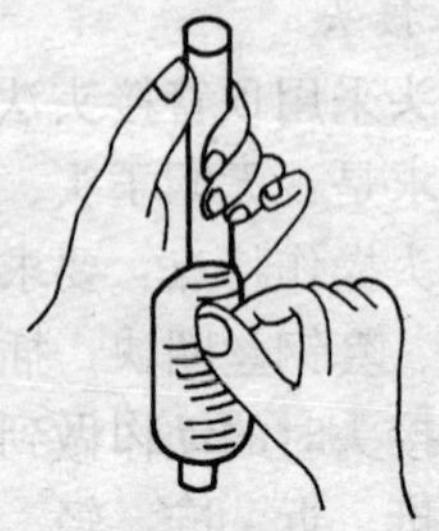

图 2—5 大纱时拔管　　图 2—6 寻头

2）如找不到头时，左手拇指、食指、中指三指稍稍左右转动纱管寻头。

3）如纱条嵌入纱层内，可用右手拇指指尖拿出纱头。

4）如有纱尾时，应先拉断纱尾再寻头。

（3）引纱。

1）小纱管底没有成形前由管底引出，大纱、中纱时由管尖引出。

2）引出纱条夹在无名指第一节槽里，同时用中指、小指紧靠无名指夹住纱条。

3）引纱的同时，看准钢丝圈的位置，小纱、中纱时引纱长度不超过三锭距，大纱时以二锭至二锭半距即可，在不影响拎纱和插管的情况下越短越好。

（4）套钢丝圈。

左手拿纱管略带倾斜约 15°～20°，管底朝向锭杆。纱管尽量靠钢领板，二手间纱条崩紧，并与钢领板并行。右手食指将钢丝圈带到钢丝圈中心偏右，即时钟 25 分的位置，以食指尖扣住钢丝圈内侧，食指弯曲，与钢领平面垂直，使钢丝圈向外开口，大拇指指尖顶住纱条，向食指的右前方向嵌入钢丝圈，其余三指应靠拢手心，左手迅速抬起，准备插管，如图 2—7 所示。

(5) 插管、拎纱。

1) 套好钢丝圈后，左手拇指、食指、中指三指握住纱管中上部，以三指用力为辅，手腕用力为主，把纱管从倾斜到垂直插下去，在即将到锭子底时靠食指用力插下，手背从插管动作开始时向左逐渐翻转向上。在纱管倾斜插上锭子尖时，右手手心向下，四指钩纱。拇指呈卡头姿，指背顺势稍抬叶子板，便于插管(如使用的叶子板较小时，可采用插管时不抬叶子板的方法)，左手和右手反抬起时的动作稍有前后，可便于缩短引纱长度，如图 2—8 所示。

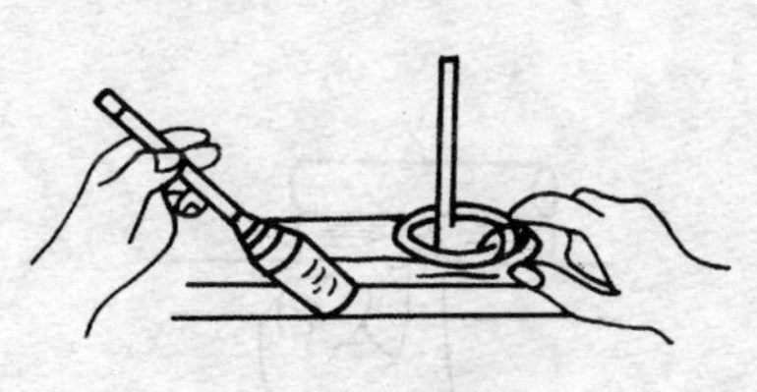
图 2—7　套钢丝圈

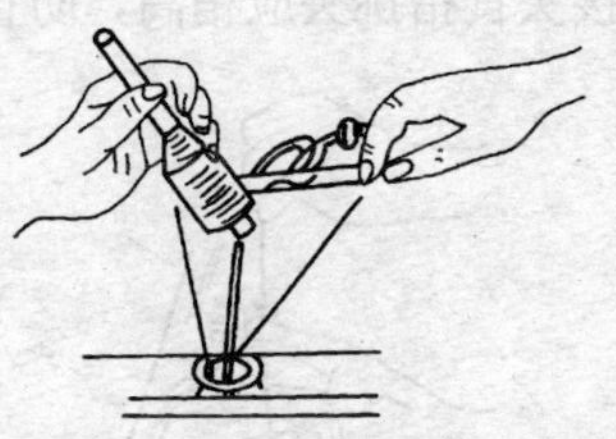
图 2—8　插管

2) 拎纱长度不超过绒辊。

(6) 套导纱钩、拃头。

1) 左手插管后，用食指、中指抬起叶子板 (约 50°)。右手手背向上，手心向下，靠手指的微动和手腕的配合将纱套进导纱钩，如图 2—9 所示。

2) 在套好导纱钩提纱过程中，靠右手手腕转动，把纱条挑在食指第一节的 1/2 处，拇指稍弓起，在食指第一节 1/2 处并伸出食指侧面，捏住纱条，食指呈半圆形，这时无名指到食指第一节绕纱的纱条一定要崩紧，中指同时缩进与食指平齐并伸直，用中指第一节指面和无名指、小指三指并靠在一起用力拃下，使拃头挺直。

3）食指挑纱及拌头动作应在拎纱过程中完成，即边拎边拌，拌头长度 16 mm 左右。拌头时眼睛要看准罗拉吐出的纤维位置，便于迅速对准接头位置。

（7）接头。

拌好头，右手拇指、食指捏住纱条（姿势不变）在罗拉中上部对准须条稍偏右，食指指甲与罗拉平行，距离 1 mm（横向），中指第一关节抵住筒管中部，手腕向左侧反转并低于罗拉，使手心向左偏下，最后食指轻挑，同时拇指自然松开（特别注意松开时，拇指保持原状），食指指甲尖碰罗拉，不要立即缩掉，利用锭子的转动，在食指指面上进行自然加捻抱合，使接头处光滑（化纤接头食指挑头应稍高，防止筒管纤维带出），如图 2—10 所示。

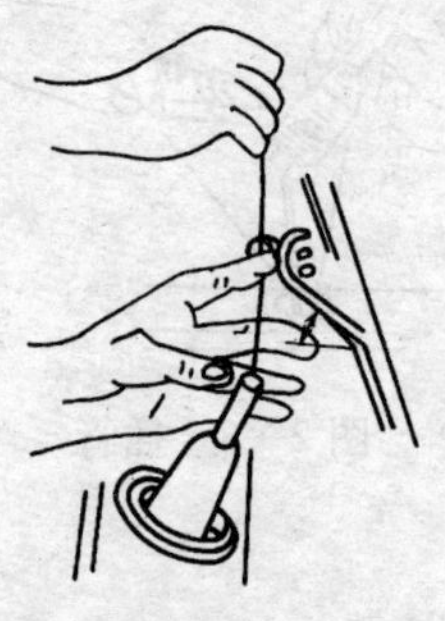

图 2—9　套导纱钩

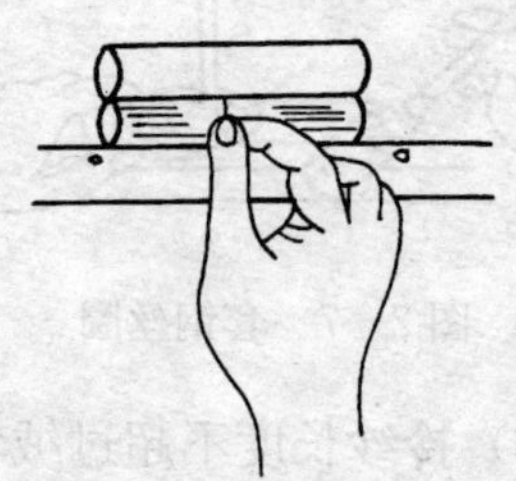

图 2—10　顶管接头

2. 换粗纱

（1）捋粗纱动作。

1）右手握住筒管底部，左手以拇指、中指、无名指为主，食指、小指为辅，握住筒脚表面。可采用手心向下或向上两种方法。

2）左手向左，右手向右，转动筒管，然后用同样动作，将筒脚向上捋出，如图 2—11 所示。

（2）粗纱采用顺镶包卷法，要求动作准确迅速。质量要求：做到无上下断头，无粗细节，无粗经错纬。换粗纱操作要做到：

退捻松散，分丝掌形，拉头笔尖型，长度配套，搭头适当，包卷移位。

1）退捻松散。左手中指第一关节和无名指之间夹住筒脚纱条，拇指压在中指上，右手手心向下，食指夹在拇指第一节侧面1/2处捏住粗纱条（两手相距38 mm，中长纤维应适当再长些），边退捻边将手腕转至手心朝上，作分丝的准备，退捻程度以纤维平直为好，如图2—12所示。

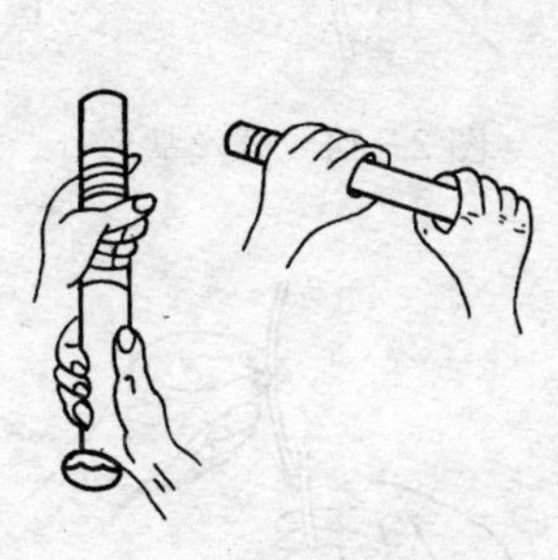

图2—11　捋粗纱

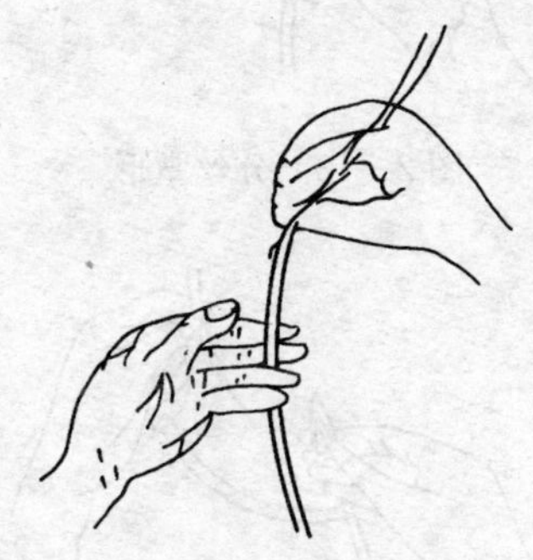

图2—12　退捻松散

2）分丝掌形。左手食指左侧与食指第一关节，捏住退捻后的粗纱条左半部，右手拇指、食指、中指三指捏住右半部，左手向左，右手向右，使退捻的粗纱均匀分丝成带状，左手拇指随后逐渐放平（右手指应始终与大拇指、食指共同捏住粗纱条，切忌挑和拨），如图2—13所示。

分好纤维，右手食指放掉，中指和拇指捏住纱条带捻向上平拉，呈手掌形（长度：原棉32 mm左右，涤棉38 mm左右，中长纤维还可适当放长些），如图2—14所示。

3）拉头笔尖形。左手食指指背与中指指面夹住纱条向后进行退捻，同时右手拇指和食指捏住粗纱条，向上拉笔尖形，如图2—15所示。

4）长度配套。要求笔尖形长度应与掌形配套，掌形长，笔尖长；掌形短，笔尖短。掌握笔尖长度的方法，左手拇指捏住手掌形，中指、食指夹住纱条，右手拇指根据手掌形长度去捏住纱条，应捏在手掌形顶部略上位置，如图 2—16 所示。

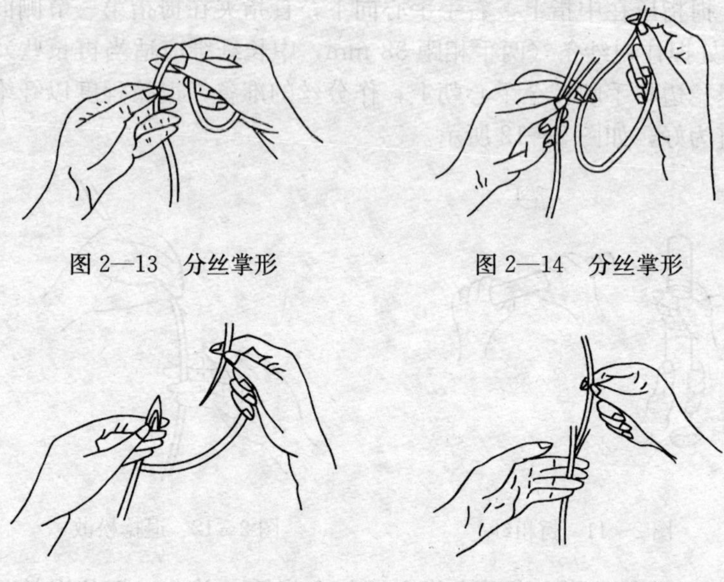

图 2—13　分丝掌形　　图 2—14　分丝掌形

图 2—15　拉头笔尖形　　图 2—16　长度配套

5）搭头适当。笔尖搭在手掌形根部中间，笔尖头不得露出根部，防止纱条通过导纱眼时，纤维翘上来造成竹节，笔尖上部搭在掌形右侧，做到搭头适当，如图 2—17 所示。

6）包卷移位。纱条放在右手食指第二节 1/2 处，拇指弯曲自右向左包卷，左手拇指相应逐渐放开，使纱条在拇指下面逐渐包紧，食指逐渐缩进为回捻做准备，然后右手拇指、中指向右上方回捻，手腕稍稍向左倾反转，左手拇指、食指同时进行回捻，如图 2—18 所示。

（3）盘粗纱动作。

1）右手拇指、食指、中指三指捏住粗纱条，从筒管上连续地经过左手虎口处（或用双手连续交叉进行）。盘粗纱时，用力应均匀，动作轻快，以免产生过大的意外牵伸。

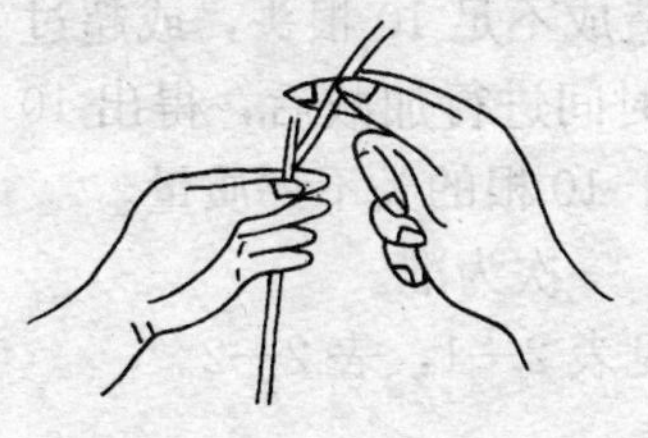
图 2—17　搭头适当

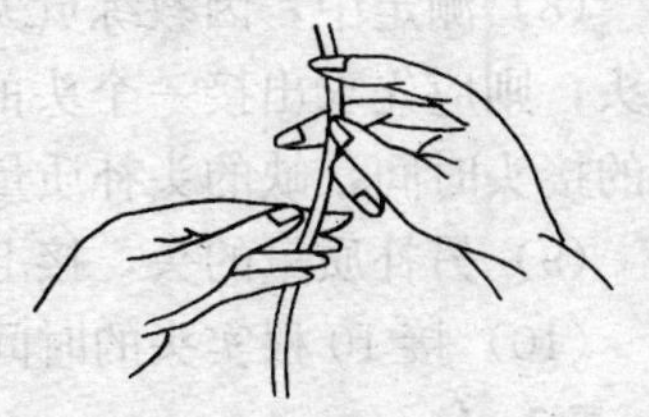
图 2—18　包卷移位

2）捋下粗纱条应层次不乱，也不要让纱条碰到车面。

3）吊锭。左手捏住粗纱条，与粗纱平行，右手转动粗纱根部用力应均匀，动作轻快。

四、操作技术测定项目及方法

1. 接头

（1）接头每人测一至两次，每次连续接 10 根实头，吸棉管两端的头不能跳过。测两次者取好的一次成绩。

（2）接头位置可由值车工在同品种同机型同工艺机台上选择，不允许搁上大绒辊和调换扎钩，但可以清除锭子上的回丝和摘掉管纱纱尾。

（3）接头时间起止点：手接触细纱管开始计时，接一根头打一根头，接齐 10 根实头手离纱条为止。

（4）第一根接空头，不允许重测。

（5）接头时发现白点，允许打断在同锭上拉掉白点重接，不断不重接算白点，接不上作空头计算，第一根头接上有白点也可打断重接，白点打断必须拔管接头，不得拎头重接，但在此头打断后，不得跳过两个头再回过来接。

（6）由于操作不良造成邻纱人为断头，教练员可立即拔出纱管，若邻纱的接头部位已飞掉找不到接头痕迹，可另补测质量。

（7）测定中接上的头随即断掉，不算空头，另补测质量，接头中途飞钢丝圈（以套好导纱钩为准），接满 10 个实头，扣除两秒。

（8）测定中，因教练员失误，造成不足 10 根头，或超过 10 根头，则应先求出接一个头的平均时间进行加减后，得出 10 根头的接头时间，缺的头补质量，多于 10 根的头不评质量。

（9）另补质量的头，接上就算，一次为准。

（10）接 10 根实头的时间要求见表 2—1，表 2—2。

表 2—1　　一般标准　　s

纯棉 60 支以下	纯棉 60 支以上	中长纤维
40	42	45

表 2—2　　能手标准　　s

细支	粗支
35	32

2. 换粗纱

以连续换 5 个粗纱为准。

（1）换包粗纱的质量要求：粗纱包卷后，将纺出的细纱拉在黑板上检验，一个质量不合格扣 1.5 分，上部断头或下部断头每个扣 1 分。测定中在非包卷处断头或细纱断头时间照算，质量测定另补，若因操作不良，在非包卷处造成邻纱上下断头，每个扣 0.2 分；造成人为纱疵，每个也扣 0.2 分。

粗节：以双根粗纱喂入作标准，粗于原纱 1 倍，长度 5 cm 两处或 10 cm 一处。

细节：细于原纱 1/2，长 10 cm 以上。

竹节：按接头样照评定。

（2）换包粗纱测量方法：粗度（细度）以开始粗（细）的地方量起至恢复正常粗（细）为止，最粗的地方粗于原纱 1 倍即算。

1）换粗纱时碰断粗纱不分五个以内或五个以外的断头都考核，但打断对面车的断头不考核。

2）换粗纱时纱条掉下将细纱打断均算人为断头，未打断附入细纱内的均算人为纱疵。

3）放在口袋里的粗纱头，碰断细纱，应算人为断头。

3. 全项操作测定

测定时间一般统一规定为 1 h，但所测机台必须经过落纱，落纱后的小纱测定时间不得少于 15 min（落纱机台不少于一台）。全项测定的内容包括巡回工作、清洁工作、捉疵、防疵以及接头、换粗纱等。有的地区还规定在 1 min 的测定时间中要做满一定的工作量。

五、清整洁工作

做好清洁工作，是提高产品质量、减少断头的重要环节，必须严格执行清洁进度，有计划地把清洁工作合理安排在每一个轮班、每一个巡回，均匀地做。清洁工作有“一个要求”“两个防止”“三个规定”“五个做到”“五不落地”。

一个要求：牵伸卷绕部分要清洁，无飞花堆积。

两个防止：防止人为断头，防止人为纱疵。

三个规定：规定内容，规定次数，规定方法。皮辊、皮圈每轮班卷一次，筒管、罗拉来司每班 2～3 次，罗拉盖每班 2～3 次，其他按各厂具体情况自行规定。

五个做到：

1）轻做：每做一项清洁工作，动作要轻、防止飞花附入纱条。

2）彻底做：清洁工作要彻底，符合质量要求。

3）分段做：把一项清洁工作分配在几个巡回内做，如皮辊、皮圈、罗拉颈、车面等。

4）随时结合做：在巡回中随时清洁罗拉颈及筒管两头飞花，洋元积花，车面板叶子板飞花，并注意大铁辊灵活回转。双手使用工具，如掸筒管、换粗纱、捲车面、揩摇架等。

5）双手并用做：双手使用工具，如掸筒管、换粗纱、捲车面、揩摇架等。

五不落地：做清洁工作时，要做到“五不落地”，即白花、二白花、回丝、粗纱头、筒管纡子等不落地。

六、防疵、捉疵工作

生产的不断发展，品种的不断开发，产品质量的不断提高，对运转操作提出新的要求。挡车工不仅要熟练地掌握操作技术，更要在巡回中理智地处理断头，防、捉疵点，这是提高棉纱质量的重要环节。因此，挡车操作要查、捉疵点，不让一只疵点逃过。细纱疵品产生原因及预防办法见表 2—3。

表 2—3　细纱疵品产生原因及预防办法

疵品名称	产生原因	预防办法	对后道的影响
长片段偏重纱	1. 粗纱走空时，粗纱尾巴下垂带入，造成双根喂入 2. 换粗纱时，粗纱未盘好。粗纱头带入邻纱；换粗纱搭头过长 3. 细纱断头飘入邻纱 4. 后罗拉绕粗纱或皮辊颠倒、搁起、轧煞 5. 导纱动程太大，粗纱跑偏	1. 加强巡回，防止空粗纱，发现纱尾巴及时拉掉 2. 严格执行换粗纱操作法，搭头符合长度标准 3. 及时接好断头，拉清飘头纱 4. 加强巡回检查及时纠正 5. 及时通知有关人员校正	造成布面粗经错纬，导致降等或开匹
条干不匀	1. 罗拉或胶辊偏心，弯曲，胶辊芯子缺油 2. 牵伸齿轮咬合不良或运转时偏心大 3. 绕胶辊严重，造成同挡胶辊的邻纱加压不良 4. 粗纱不在集合器内，集合器翻身、破损、夹杂物或车号纸塞煞 5. 胶辊肖脱出、缺损，胶辊破损或缺少，胶辊绕花 6. 车间相对湿度较低，发生静电作用，产生纤维黏连	1. 加强机构检查及时报修 2. 加强机构检查及时报修 3. 绕胶辊后应拉清邻纱上的不良细纱 4. 加强巡回检查及时调换纠正 5. 加强巡回检查及时调换纠正 6. 及时联系，调整相对湿度	增加后加工断头，造成布面条干不匀，导致降等或开匹

续表

疵品名称	产生原因	预防办法	对后道的影响
竹节纱	1. 胶辊严重缺油 2. 胶辊严重打隔顿或胶辊内嵌入飞花 3. 细纱断头，吸棉笛管塞煞，有飞花 4. 上下胶辊绕满粗纱头仍在纺纱 5. 导纱动程不良，粗纱跑偏 6. 集合器积花破损	1. 加强检查，及时调换 2. 加强检查，及时处理 3. 加强巡回，拉清飘头纱 4. 加强巡回，拉清飘头纱 5. 发现不良及时通知校正 6. 加强检查，及时处理调换	增加后加工断头，造成布面条干不匀，导致降等或开匹
冒头冒脚纱	1. 钢领板位置太高或太低 2. 筒管高低（锭子上有回丝），筒管未插到底 3. 不执行落纱时间	1. 执行摇车操作 2. 捋清锭子回丝，插好筒管，发现不配套随时拣剔 3. 严格执行落纱时间	增加回丝、断头，造成后加工困难
毛羽纱	1. 钢领不良 2. 钢丝圈太轻 3. 导纱钩、钢丝圈等通道部分不光洁	1. 发现不良及时调换 2. 调换钢丝圈 3. 通道部分保持光洁	布面毛羽增加，影响布面质量
碰钢领	1. 钢丝圈太轻 2. 锭子缺油 3. 锭带松弛 4. 野格林纱（重纱） 5. 跳筒管 6. 羊脚轧煞	1. 合理使用钢丝圈 2. 加强机械检查，通知加油 3. 通知修理 4. 捉清野格林 5. 拣去坏筒管，落纱揿筒管 6. 及时关车通知修理	增加回丝，造成油污纱
油污	1. 粗纱本身沾着油污 2. 筒管落地沾着油污 3. 油手接头或拔落筒管 4. 平揩车后牵伸部件沾着油污 5. 装纱袋皮有油污	1. 加强捉疵防疵 2. 防止筒管落地 3. 油手勿接头及拔筒管 4. 加强平揩车后的检查 5. 油污袋皮不装纱	造成油污坏布，导致降等或开匹

续表

疵品名称	产生原因	预防办法	对后道的影响
脱圈	1. 开车操作不良 2. 成形桃盘磨灭，钢领板升降不正常 3. 钢丝圈太轻 4. 跳筒管 5. 钢领板升降动程速比不合理	1. 注意开车操作 2. 加强机械检修 3. 及时调换钢丝圈 4. 拣剔坏筒管执行落纱揿筒管 5. 合理调整工艺	后加工回丝增多，接头时间长
脱纬直纺纡子	1. 开关车操作不良 2. 成形桃盘磨灭，钢领板升降不正常 3. 接头、落纱拔不出的紧纡子用手总把拔	1. 提高操作技术水平 2. 加强机械检修 3. 不可总把拔	造成布面双纬，脱圈，导致开匹或降等坏布

1. 防疵

要做到“一个注意”“三个防止”。

一个注意：注意机械疵点，如皮圈销子脱落、皮辊失油、集合器堵塞等。

三个防止：接头，防止白点、油污纱、紧捻纱、回丝、飞花等附入；换粗纱，防止纱条碰车面板，造成飞花等附入；清整洁工作，做到手到眼到，三花不落地，卷皮辊时要卷得紧，防止皮辊杆碰肖子，下肖子脱落，造成飞花附入纱条。

2. 捉疵

要做到“三个重点捉”：影响条干质量重点捉，引起连续断头重点捉，粗纱疵点重点捉。要摸清粗纱疵点发生的规律，要掌握粗纱疵点的各种类型。

捉粗纱疵点做到“二主”“二次”：接头时，以接头质量为主，捉疵为次，接好头后再捉粗纱疵点。换粗纱时，以包卷质量为主，捉疵为次，在盘粗纱时再捉粗纱疵点。

七、掌握机械性能

细纱值车工不但要加强工作的计划性，接好头，换好粗纱，做好清洁和整洁工作，更重要的是学会检查机械，逐步达到“一个要求”“两个重点”“四个方法”的要求。

一个要求：以巡回操作为主，机械小检查为次。

两个重点：牵伸部分，卷绕部分。

四个方法：

眼看，按照检查顺序，从上到下，顺次查看，如引纱时要看纱条是否有竹节。

手感，以手的感触判断机械毛病，如皮辊跳动、钢领起毛等。

耳听，在巡回中机器是否有异响，如发生“嗡嗡”的异声，查滚筒损坏；“咯咯咯”的异声，查车头部分牙齿损坏；“唧唧唧”的异响，查锭子失油。

鼻闻，闻到有燃烧或摩擦发生的焦味，立即找毛病，如皮带发臭、马达超负荷等，立即关车处理，做好记号，查出毛病，并通知修理。

八、安全操作规程和消防知识

1. 安全共同守则

(1) 工作时必须穿戴好规定使用的劳保用品，不准穿裙子，不准穿中、高跟鞋及拖鞋从事生产操作。

(2) 交接班时要检查工作范围内的设备安全装置是否完好和符合标准，并在工作中时刻注意，发现损坏应立即报告，及时修理。

(3) 修理工具、清洁用具以及其他物品，要妥放指定地点，不要放在转动的机件（如齿轮、帘子）附近，以免卷入引发事故；传递工具及其他物品禁止投掷。

(4) 机台上的警示标记处，表示“禁止动手”和“注意危险”。凡有“揩车”“修理”等指示牌的机台，不准随便触动，更不准开动电机。

(5) 机台上装置的安全罩、挡板、栏杆及保险、信号装置等安全设施不准随便拆除和移动。

(6) 电动机上、下不能放潮湿物件。发现电器设备或电线损坏，应由电工修理，不得擅自接装，电箱内外不准放置杂物。

(7) 两人以上在机器上操作时必须相互呼应后方可开车，防止误伤。如有违章操作情况，要相互监督，及时指出和纠正。

(8) 工作时应严格遵守劳动纪律，不得擅自离开工作岗位，不准在车间内打闹、追逐或斗殴。

(9) 车间内一旦发生事故，应立即报告轮班、车间领导和安全生产部门，对重大事故应妥善保护现场，由保卫科、安技科和所在部门领导分析处理。

2. 安全操作规程要点

(1) 上班前应穿好工作服或工作围裙，戴好工作帽，不使长发或辫子露在外面。严禁在机器附近穿脱衣服，防止被转动部件卷入，发生危险。

(2) 不准随便开启防护罩壳、车头挡板，机台上和机台下不准放置无关物件，清洁工作的工具要放在规定地点，以免影响机台正常运转。

(3) 罗拉上和罗拉颈处卷着纤维时，不准用硬物敲击，应用扎钩扎除，扎除时防止伤手，并随时检查罗拉座是否卷进纤维和缺油发热等情况。

(4) 发现锭带断落绕在滚筒上时，不准用手去拉，应立即关车，待停车后方可处理，或通知保养机工处理；锭带滑脱，自己上锭带时，防止将手夹住。

(5) 发现锭盘、锭带盘及安全罩壳损坏，锭子缺油或发热等情况，应报告有关人员处理，发现羊脚轧煞、机器有异响或烟味等情况，应立即关车报告保养机工检查修理。

(6) 发现筒管箍破损，应立即剔除，不准使用，锭子转动时手指不能接触筒管底部，防止筒管箍割伤手指。筒管落地应随时拾起，防止滑跌。

(7) 发现自动打擦板轧煞，应请机修工检修。

(8) 换粗纱时要小心，用木锭子挑粗纱时，防止粗纱落下伤人；大铁辊拆下后要放平稳，防止落下伤人。

(9) 使用的工具按规定地点安放，扎钩应用带子结牢挂在身边，防止落入回花，轧坏前纺设备。

(10) 使用半自动卷皮辊机，应固定机台放置，不准乱放乱丢，取用或放置要小心，以免落下伤脚。

(11) 巡回中发现异声、异味，应立即停车，及时报告，查明原因。

3. 消防知识

(1) 厂区、生产区，除指定地点外，一律严禁吸烟，杜绝火种。

(2) 厂区各处设置的消防设施，不准随便移动或挪作别用。消防设施周围不准堆放其他物件。使用过或失效的灭火机应及时通知消防队更换。

(3) 车间发现火警，应及时报告消防队，同时迅速疏散周围易燃物品，镇定做好灭火工作。

(4) 发现机台起火，要立即关掉吸棉箱小门，防止火苗进入总吸棉管区，立即将粗纱拉断，停止喂入，必要时取下纱架粗纱，立即移走纱管。

(5) 已着火机台继续空车运转把两旁相邻未着火机台关掉。

(6) 严禁用水灭火，应用滑石粉或灭火器灭火。

(7) 明火扑灭后，应在机台上仔细复查有无余火，取走所有烧焦物时，认真检查有无隐燃还未完全熄灭，等揩车整理后再行开车。

模块三　细纱落纱工操作

一、交接班工作

交接班工作应树立交班为接班所想，接班为交班所急的思想，发扬风格，共同做好交接班工作。

1. 交班工作要做到“三清”

（1）讲清：主动讲清生产变化情况，如翻品种、平揩车、调皮辊等。

（2）接清：车上断头要接清。

（3）做清：按清洁进度表做好机台清洁工作（清洁工作进度表按各厂具体情况决定），车脚下地面筒管拾清。

2. 接班工作要做到“一提前”“二了解”“三检查”

一提前：提前15～20 min进车间，做好准备工作。

二了解：主动了解上一班生产情况，如粗纱固定供应、平揩车、支数翻改等有无变化。

三检查：查车顶板上粗纱固定供应是否搞错，查机台是否整洁（项目由各厂具体决定），查一面或几面导纱眼。

二、落纱过程

1. 落纱分段

落纱分段一般分两种，一是平纱，按车号顺序落纱；二是高低纱，按车号顺序间隔落纱。

2. 落纱路线

落纱工按一定的路线和位置进行落纱以保持次序正常，避免混乱，并使每一个落纱工劳动强度均匀。落纱完毕，出车弄一般不走回头路。如有断头，由后面的人接齐，遇到跳筒管、飘断头等紧急情况，可以走回头路。落纱路线一般有两种，一种是固定位置落纱，另一种是不固定位置落纱。目前各厂采用第一种，如

图 3—1 所示。

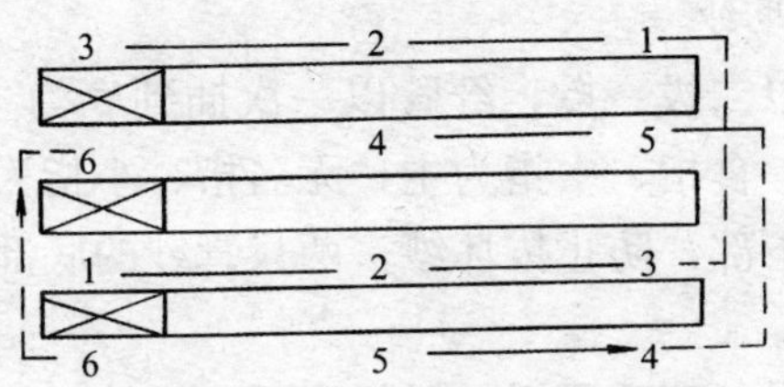

图 3—1　落纱路线图

3. 落纱机一般有两种使用方法，一种是轮流推小机循环式，另一种是接力式推小机。循环式适用于四人组，接力式用于六人组。

三、落纱操作

落纱是集体性的操作，要求统一指挥，加强团结，紧密配合，做到“三快”“三少”“四好”。

三快：进出车弄快（听到哨声，随叫随到），落纱快，生头快。

三少：停台时间少，断头少，纱疵少。

四好：准备工作做得好（如落纱前准备好工具，整理好筒管箱，纱落完后将空筒管箱随手带出），生头质量好，清整洁工作好，团结互助好（落好纱以后至少走一个巡回再做清洁工作，利用间隙时间帮助挡车工接好断头，换好粗纱，剥好皮辊花，扎罗拉等）。

落纱基本操作包括抓管、拔纱、插管、甩纱四个基本动作，它的主要特点是四个交叉，抓管、拔纱、插管、甩纱四项操作紧密配合交叉连续进行。

1. 抓管

抓管下手要轻，抓得要紧，抓管的位置在筒管的中部或中下部，手成扫帚形，做到动作快，次数少，每次抓管 4～6 只，过多容易漏管，过少抓管次数多。抓管方法，用右手，手指张开，平行放入箱内一次抓，防止把筒管抓乱，边抓边移动筒管箱。

2. 拔纱和甩纱

（1）筒管以二拔一撳，纡管以一次插到底为主要操作方法。拔纱以大拇指、食指、中指为主，无名指、小指为辅，拔纱的位置应拔在纱肩下部，防止拔坏纱，两只管纱的底部要平齐，减少尾巴纱。

（2）拔纱时，下手要轻，抓得要紧，拔纱时筒管底部离锭尖要近，拔出时管底朝里，为甩纱做好准备，边拔边左脚移动落纱筒。

（3）左手的管纱刚离锭尖，右手将筒管立即跟着插，一只顶一只，如遇到紧纱管不易拔除时，可暂时放一放，待全部拔完后再来处理。

（4）甩纱用腕力一定要将空管插到锭子底部后才甩断纱头，减少落纱断头。

3. 插管

插管要求做到准、稳、快。

准：插管时目光要注意锭尖部分，对准锭子，减少插空锭。

稳：插管要稳，筒管要插到2/3处，用中指、无名指将筒管迅速带一下送到锭底，使插管既稳又准。

快：动作要快，右手边插，大拇指、食指、中指边添筒管，空管底部离锭尖要近，稍带倾斜，达到又快又稳。

四、落纱后的整理工作

1. 落纱后，必须做一次整理工作，检查高低筒管，减少跳浮筒管，拉掉尾纱。开车钢领板要踩得高，以免开车时带断头。

2. 进车弄查、捉粗纱疵点，出车弄或落好纱后拿清车肚花。

3. 必须把头生齐后才可以走出车弄。

（1）生头接头要求引纱短，提纱短，拃头标准，双手并用，套钢丝圈快，套导纱钩快。拃头标准，要求拃头位置在食指第一节的1/2处，拃头长度16 mm，轻高并用，微移轻挑。

(2) 生头方法：采用左手捏纱头向上，右手中指摸钢丝圈，拇指、食指套钢丝圈，纱头长度为16 mm，刺生头法。

(3) 刺生头的方法：左手捏纱头，长度为16 mm，再套钢丝圈，左手拇指、食指并齐，中指、食指、无名指三指捏紧，手背向上，套好钢丝圈后食指紧靠筒管，指面向下，将纱刺上。

五、清整洁工作

清整洁工作，要轻做、勤做、彻底做，要防止人为疵点，人为断头，做到五固定（定内容、定时间、定工具、定方法、定次数），五不落地（粗纱头、回丝、白花、二白花、筒管不落地）。具体项目见表3—1。

表3—1　　清整洁工作项目

项　　目	频　　度
1. 卷粗纱斜面	每轮班1次
2. 掸车顶板	每轮班2～5次
3. 卷揩后罗拉	每轮班1次
4. 卷车肚 、车面	每轮班1次
5. 卷半台车皮辊	每轮班1次
6. 卷锭盘、锭钩	每轮班1/3次
7. 卷锭带盘	每轮班1/3次
8. 叶子板、小羊脚下面花衣	每轮班1次
9. 卷龙筋、锭脚	每轮班1次
10. 掸车脚	每轮班2～3次
11. 卷喇叭口	每轮班1次
12. 扫地	每轮班1次

六、防疵捉疵

为了提高产品质量，落纱工必须结合落纱进、出车弄和做清洁工作时捉粗纱疵点，结合基本操作查机械疵点，做清洁工作时防人为疵点。

1. 防疵

要求做到三防：

(1) 生头时防止捻接头、金戒子、回丝附入，严禁再生头和二绕头。

（2）做清洁工作时防止飞花附入纱条，如卷粗纱斜面带断头后要防止头捻头，卷车肚花时要防止飞花带入，要求卷得紧、伸得进、放得平、抓得好。卷的方法，一根笛管卷两次，卷车脚时要防止用力拍、卷。揩后罗拉时要防止碰粗纱头和飞花带入。卷锭盘时防止锭带脱落，造成松捻纱。

（3）落纱时，要眼看、手感、检查粗经错纬，野格林、烂纱等，结合检查机械毛病，防止坏纱逃到后道，防止油污手和纱管、筒管落地等。

2. 捉疵

要求做到三个重点捉：

（1）粗纱疵点重点捉（捉粗纱疵点要防止粗纱摘毛）。

（2）粗经错纬重点捉。

（3）影响条干重点捉。

捉疵时还须做到二主要、二次要：

（1）落纱时以落纱为主，捉疵为次。

（2）做清洁工作时，以清洁工作为主，捉疵为次，做到手到眼到。

3. 把好两个关

（1）把好生产变化关，如支数翻改、平揩车、开冷车，都要检查机台。

（2）把好高空清整洁关，做好整洁以后，车上飞花要拾清。

模块四　摇车工操作

一、交接班工作

1. 交班要做到三清

（1）讲清：整个小组的生产变化情况要讲清（如工作好做难

做、支数翻改、固定供应变动等都要讲清)。

(2) 做清：本落纱组的清整洁工作要做清交班，如有个别人没有做好要加强督促。

(3) 接清：小组机台断头，要接清交班。

2. 接班做到“一提前”“二准备”“三检查”

(1) 一提前：提前 20～30 min 进车间。

(2) 二准备：清洁工具和落纱前容器等，做好准备。

(3) 三检查：检查上一班整台车的洋角高低和坏纱；检查本小组周围环境整洁；检查上一班车头、回花箱里筒管、粗纱头、白花、回丝等是否收清。

二、组织工作

落纱长是一个落纱小组的领导者和组织者，必须紧紧掌握全组行动，注意小组的生产情况，达到优质高产低消耗、无事故的目的。

1. 生产情况，及时召开车头会或班后会，研究和分析隔日计划完成情况，组织发动全组开展劳动竞赛。

2. 根据本小组的各种纱支情况，按照落纱时间表，加强计划性、主动性、灵活性，减少碰头落纱和毛头毛脚纱。

3. 经常关心全组人员的思想、生产技术情况，发挥五大员作用，组织家庭访问，开展技术练兵，组织观摩交流等活动，不断提高全组落纱操作技术水平。

4. 定期组织访问后道。

三、基本操作

关车，根据各种车型，灵活掌握关车工作，要求做到包脚纱不超过 3 圈，包脚纱和尾巴纱两个头要连在一起。

开车，要求断头少，打脚标准，筒管纱离。

模块五　气流纺操作

一、交接班工作

交接班工作是保证机械设备按规定的工艺条件、连续生产的重要环节。对口交接班“互通情报”，既要发扬风格，加强团结，又要分清责任。交班以交清为主，为接班者创造良好的生产条件，接班以检查为主，认真把好质量关。

1. 交班工作

（1）主动交清生产情况（如断头情况、大小筒子成形情况、平揩车生产情况、支数翻改情况等）。

（2）接清断头（空锭、坏筒不交班，特殊情况需说明原因）。

（3）整理好棉条分段，条筒排列要整齐。

（4）按操作法规定做好机台、地面的整洁工作。

（5）公用工具要当面点清，清洁工具如毛刷、竹竿、竹针等工具自己保管，回花、回丝、油花要分清。

2. 接班工作

做好接班检查工作是把好质量关的重要一环，一般提前15 min上车，了解上一班的车上情况，做好接班准备工作。

（1）了解上一班的生产情况（如断头、平揩车、支数翻改等）。

（2）接班要在车弄堂里进行，边走、边看、边讲，看筒子成形好坏、皮辊回转是否灵活，检查棉条或条筒是否搞错。

（3）排杂孔是否塞煞。

二、巡回工作

巡回工作是挡车工掌握主动、看好机台运转是否正常，合理安排工作的一种重要的工作方法。巡回过程是灵活主动地处理各种情况的过程。每个挡车工必须善于掌握巡回时间，要按照一定的巡回路线和巡回方法进行，同时在巡回中要做到三性。

1. 三性

（1）预见性：要求在接班时把上一班发生的情况，如机台运转是否正常、断头、换条以及坏锭等情况掌握清楚，做到心中有数，预计到可能发生的情况，自己如何处理，同时了解气流纺壳体的一般性能和机器的运转规律。正确估计自己的操作水平及单项操作效率，这样能预计到在一轮班中自己应该做好的工作。

（2）计划性：根据接班时掌握的情况和预计到一轮班中可能发生的情况加强巡回计划性，根据各项工作所需要的时间，计划每个巡回的工作量（如在巡回中，遇到断头率较高，就少做清洁，少换棉条，多接头）。断头基本接清，再安排做清洁工作以及换棉条等。

（3）灵活性：要求在巡回中遇到各种操作情况，采取三先三后（先近后远、先易后难、先紧急后一般）操作原则。

2. 巡回路线

采取单线巡回、双面照顾的方法，按照一定的路线有规律地看管机台，巡回路线基本上按S形，如图5—1所示。

巡回中一般不走回头路，如遇到断头，可返回到离身后30锭。

3. 巡回时间

看一台车跑二条车弄，时间5～6 min；

看二台车跑三条车弄，时间7～8 min；

看三台车跑四条车弄，时间9 min；

看四台车跑五条车弄，时间10 min；

看五台车跑六条车弄，时间11 min。

4. 巡回方法

巡回时要集中思想，工作要有层次，发现故障认真排除，或及时和机修工联系，保证机台正常运转，做到一嗅、二听、三看。

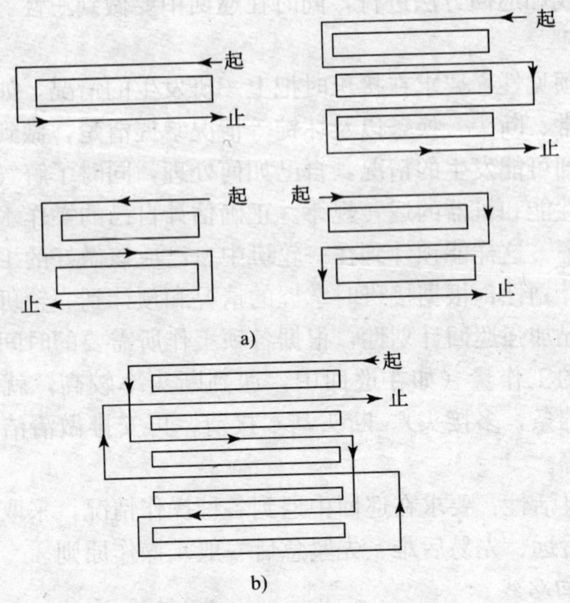

图 5—1　气流纺操作巡回路线

一嗅：在巡回中注意走过的车弄有无焦味，如嗅到及时查出原因（发生焦味的锭号，予以解决）。

二听：巡回中要注意加捻杯和龙带回转有无异响，接头打开壳体时注意加捻杯停转的声响是否正常。

三看：巡回时灵活运用目光，全面照顾两面断头，特别要注意查看有无断头自停失灵的纺纱器，筒子卷绕成形是否良好，喂入棉条是否均匀等情况。

（1）进弄全面看。先看接触面，从近到远、从远到近检查各纺纱器的纺纱情况，先看喇叭口的棉条，后看断头。发现问题及时处理，锭子轧煞，一定要放下壳体，以免磨坏龙带，且方便机修工修理。如遇到壳体坏不能正常纺纱，要抬起筒架，以免磨烂筒子上的纱。

（2）车弄中间灵活看。看瞬时断头要及时接好。

（3）出了弄堂回头看。目光顺着转向回头看时从近到远看清断头和棉条情况。预计下一次巡回计划，做到心中有数。

三、接头操作

1. 接头操作要领

清：用刷子扫清加捻杯，必要时用竹扦挑清纺纱杯内嵌着的杂物。要 360°扫到。

轻：打开和合上壳体时动作要轻，接头动作要轻，不碰探针。筒子架放下时要轻。

准：引纱长度要准，一般 23～27 cm，放入引纱孔长度 8 cm，排头长度 3～5 cm。

好：根据给棉快慢和手感吸力大小来掌握，筒子架放下时两手配合要好。

2. 自排风式接头操作程序

揿按钮，开壳体，抬筒子架，扫清加捻杯，清扫隔离盘，合壳体、寻头、抪头、接头，要求速度快、动作连贯、双手配合好。

（1）揿按钮、开壳体、抬筒子架。左手食指揿按钮，四指支撑壳体，同时右手抬起筒子架，如图 5—2 所示。

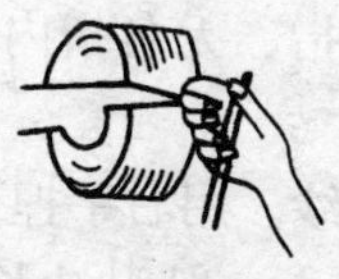

图 5—2 揿按钮、开壳体、抬筒子架

（2）清扫加捻杯及隔离盘。待加捻杯停止运转后，用右手持小毛刷扫清加捻杯、隔离盘的剩余纤维和杂质，如图 5—3 所示。

（3）合壳体寻头。用左手食指揿按钮，推上壳体，以右手拇指、食指、中指寻筒子上的纱头，如图 5—4 所示。

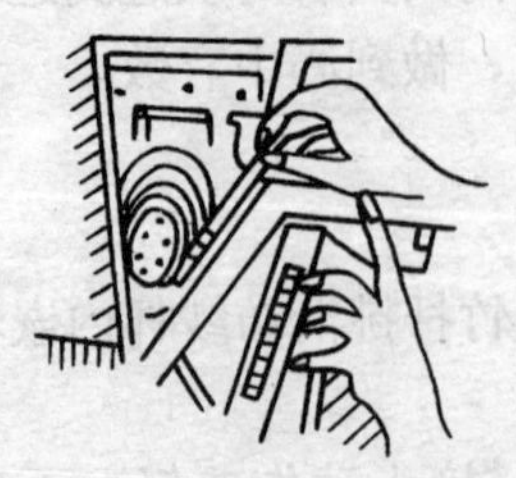

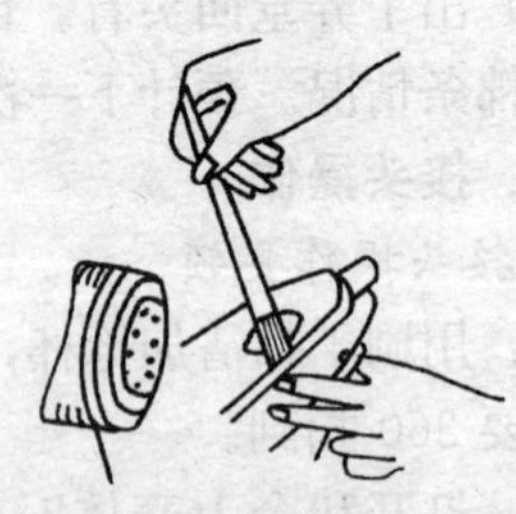

图 5—3　清扫加捻杯及隔离盘

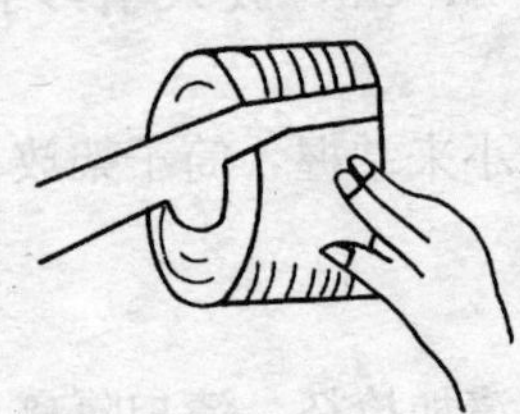

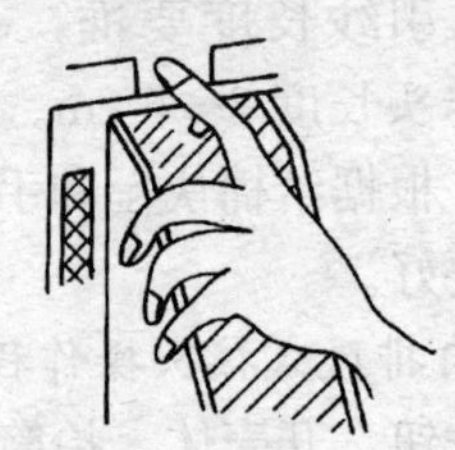

图 5—4　寻头

（4）抹头。左手拇指、食指、中指捏住纱条，右手拇指、食指、中指与无名指、小指捏住纱条拉紧，中指用力抹头，长度一般为 3～5 cm，回丝绕捏在小指、无名指内，如图 5—5 所示。

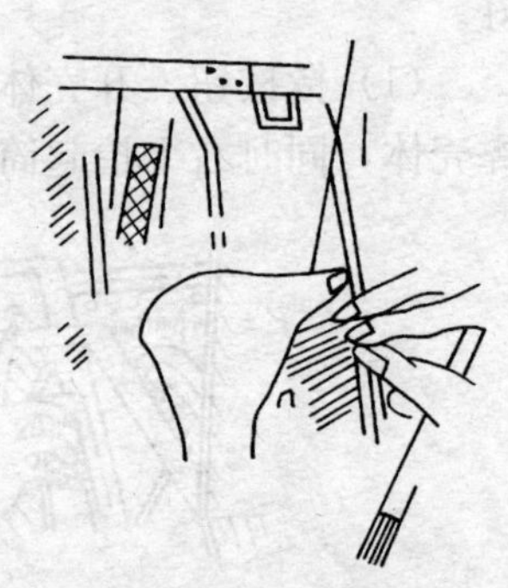

图 5—5　抹头

（5）引纱。用右手捏住纱条，选用适当长度，一般引纱长度为 23～27 cm，左手拇指、食指将纱头喂入引纱孔，如图 5—6 所示。

（6）接头。引头后，左手先把纱条绕过探针，然后左手握住筒子架手柄，右手把纱条送进一定长度，使纱承受一定张力如手感有吸力，就处于接头状态。这时左右手同时进行，互相配合，左手把筒子纱压向槽筒，手将纱条连同探针压向给棉位置，这时右手将纱条立即放下，同时左手把筒子架柄放下，如图 5—7 所示。

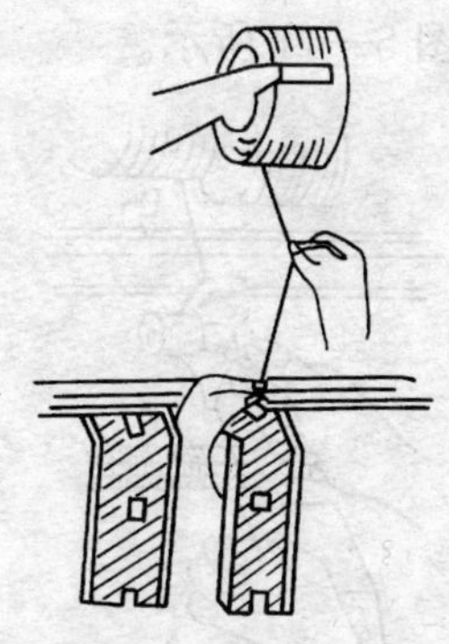

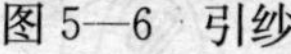

图 5—6 引纱

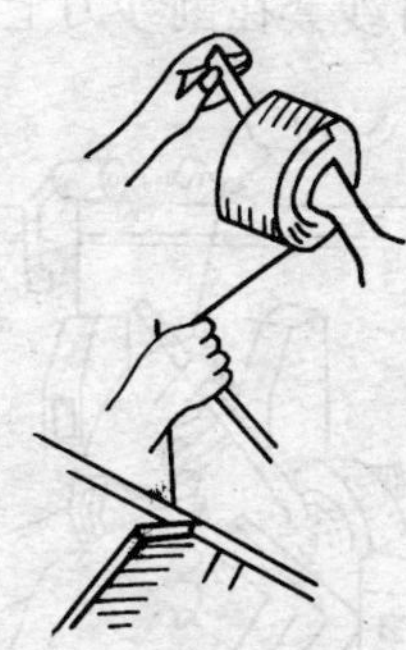

图 5—7 接头

3. BD－200RN 及 BD200BN 定长接头机构操作程序

（1）左手揿纺纱器开关打开纺纱器，同时右手抬起接头扳手，使筒子脱离卷绕罗拉而搁在定位接头装置，如图 5—8 所示。

（2）左手抬起筒子架，右手拇指、食指、中指在筒子上寻头，并将纱条引出，然后左手放下筒架，如图 5—9 所示。

（3）右手持小毛刷扫清加捻杯凝棉槽中杂质，左手同时帮助

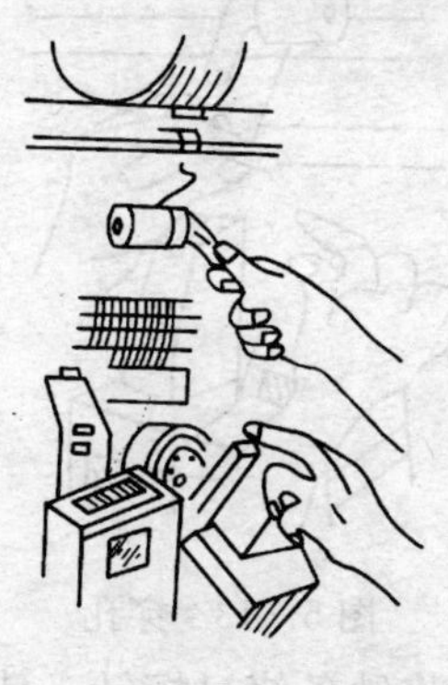

图 5—8 打开纺纱器

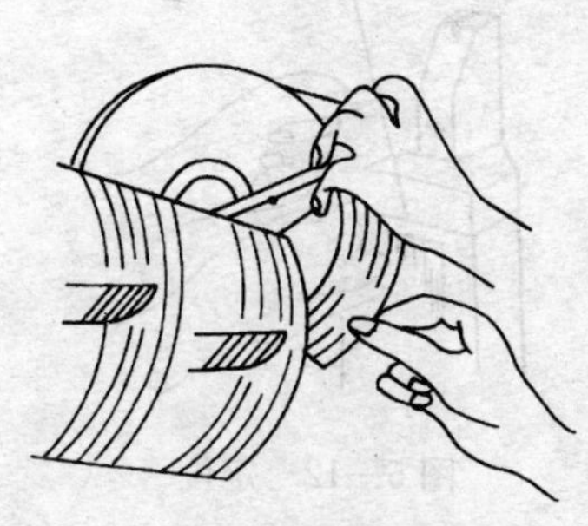

图 5—9 寻头

转动加捻杯，卷清纺纱器周围的附花，检查工艺排风管和排杂管，如图 5—10 所示。

(4) 左手合上纺纱器，右手拿住导纱钩下面的纱条，左手拿住纱尾将纱套在割纱刀上割断纱条，如图 5—11 所示。

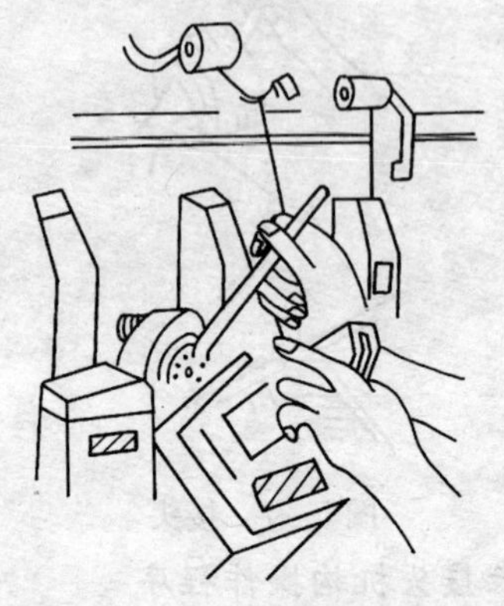

图 5—10 清扫杂质

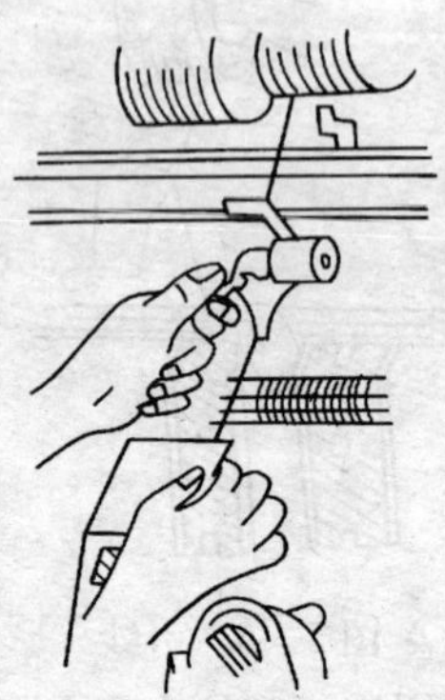

图 5—11 割断纱条

(5) 左手帮助右手将纱通过上导纱钩、皮辊和制动板，最后放在下导纱钩上，纱的长度拉过下割纱刀，右手轻轻揿一下接头杆，使加压皮辊压向制动板固定纱条位置，如图 5—12 所示。

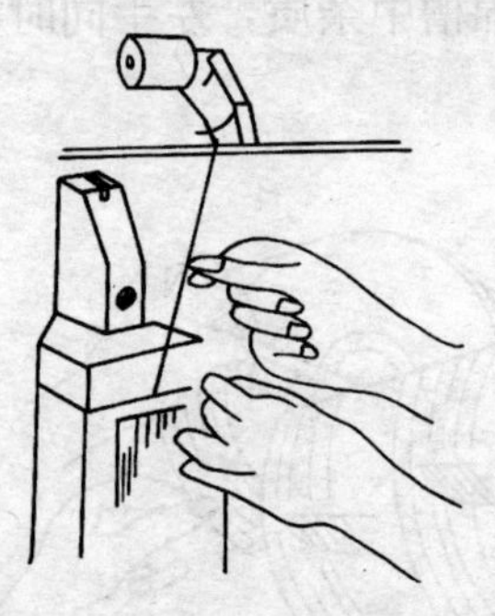

图 5—12 定位

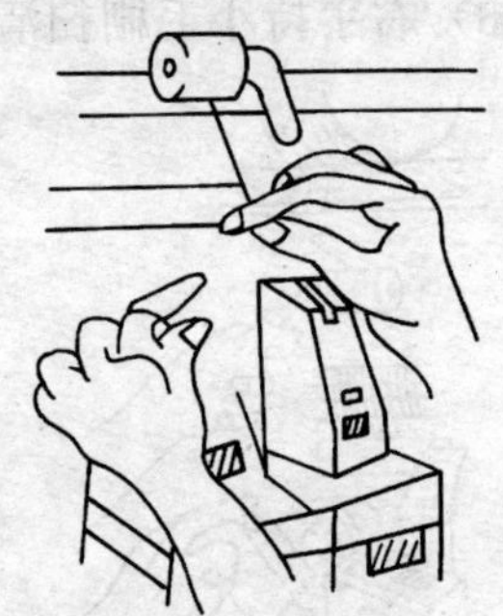

图 5—13 穿孔

(6) 左手拿纱尾穿入引纱孔中，并将纱条绕过探针，使纱条在探针的左面，如图 5—13 所示。

（7）左手将探针向右拨至工作位置，同时右手将接头杆用力揿下，完成接头。揿接头杆的速度和引纱速度成正比，即引纱速度越快，揿接头杆的速度也越快；反之就慢些。左手和右手必须相互配合好，以确保接头质量，如图 5—14 所示。

四、包卷操作

棉条包卷要求做到不粗不细，符合质量要求，包卷操作采用手包卷和竹扦包卷两种。

包卷操作要求：拉鱼尾（条尾）时纤维要松散、平直、均匀；拉笔尖时（条头）纤维要松散、平直、不开花；包卷时里松外紧，搭头长度要适当。

1. 手包卷

（1）分条：右手拿起棉条，条缝朝上，平摊在左手四个手指上，同时用左、右手拇指、食指向两边各自分开。分平为主不宜过宽。两拇指相距 100 mm，如图 5—15 所示。

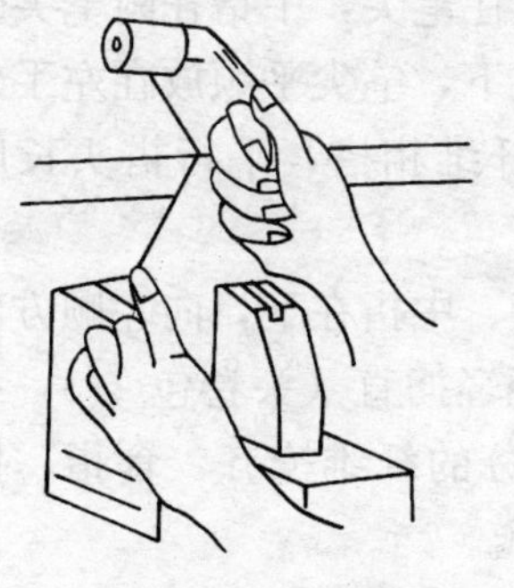

图 5—14　接头

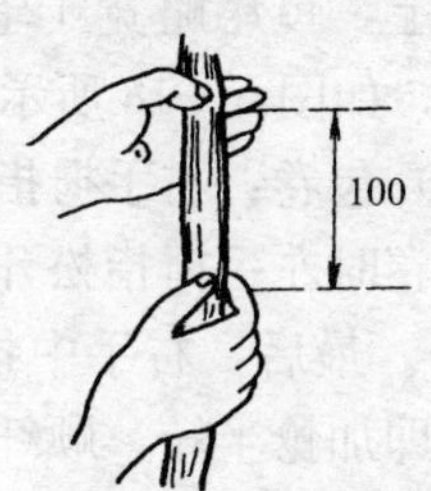

图 5—15　分条

（2）拉鱼尾形（条尾）：左手拇指均匀压住棉条，在食指、中指处，右手食指、中指以剪刀形平行夹紧棉带下端，两手夹住点相距 100 mm，徐徐拉平，棉带形成松散平直、均匀的鱼尾形，如图 5—16 所示。

（3）拉笔尖形（条头）：右手捏住棉条（条缝放在侧面），以无名指和中指平行夹住棉条正面，左手食指、中指也平行夹住棉条正面下端，相距 100 mm，右手垂直向上拉，要求紧夹慢拉，先松后拉，使留在左手上的棉条成松散、平直、不开花的笔尖形，如图 5—17 所示。

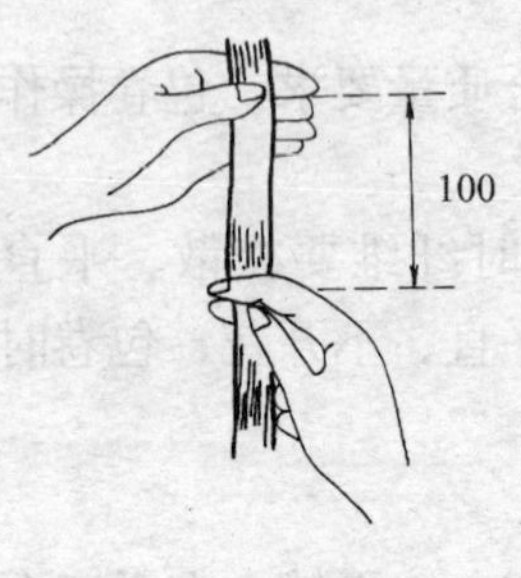

图 5—16　拉棉片

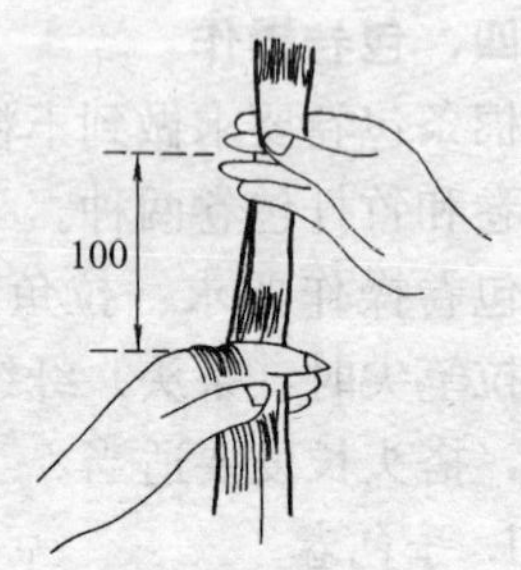

图 5—17　拉笔尖

(4) 搭头（笔尖、鱼尾搭头适当）：左手无名指和中指把笔尖送出，右手拇指、食指轻轻平行拿住笔尖，中指托附笔尖的右手转向，使拇指在上，食指、中指在下，笔尖平顺放在左手外侧的鱼尾上，鱼尾略宽于笔尖，要求纤维相搭，平行搭头长度约 50 mm，如图 5—18 所示。

(5) 包卷：右手拇指在上，食指、中指在下，向左顺方向包卷，包卷时左手拇指松开，把笔尖轻轻掳直（头卷包 2/3，二卷包 1/3）。最后，右手中指将卷绕部分的纤维撩齐，食指、拇指向右立即加捻半转，顺纤维而下即可。

2. 竹扦包卷

竹扦包卷采用上拔扦，竹扦长度 167 mm，直径根据品种来定，具体操作如下：

(1) 分条和拉鱼尾形同手包卷。

(2) 拉笔尖形（条头）：右手捏住棉条，以无名指和中指平行夹住棉条正面，左手食指、中指也平行夹住棉条正面下端，相距 100 mm，右手垂直向上拉，要求紧夹慢拉，先松后拉，使留在左手上的棉条成松散、平直的扁笔形，如图 5—19 所示。

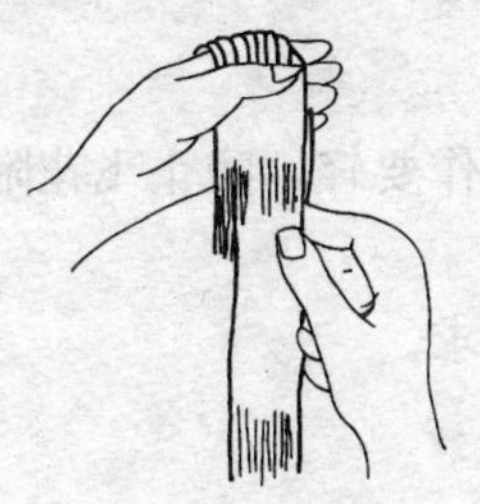
图 5—18　搭头

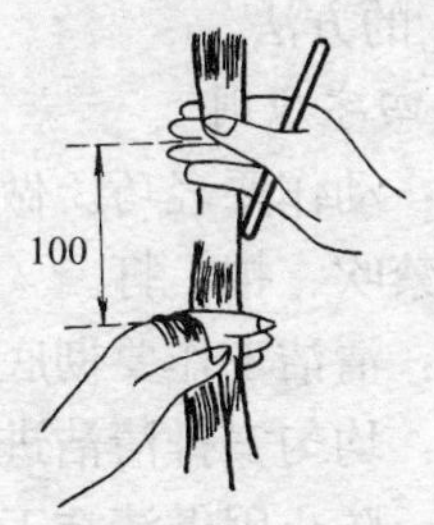

图 5—19　拉笔尖

（3）搭头（笔尖、鱼尾搭头适当），用手搭头。

（4）竹扦：右手拿竹扦，平直地放在棉带搭头右侧，注意竹扦下端要略露出小指为宜，左手拇指压住竹扦，右手先向左捻转 1/2，用力稍重，卷没鱼尾为止。注意捻转时左手食指应跟随徐徐向上，如图 5—20 所示。

（5）拔扦：在竹扦捻转的同时，左手 3 个手指稍向内弯，小指轻轻夹住搭头处，无名指作辅助。右手将竹扦顺条缝方向轻轻向上拔出。要求包卷后纤维平直，条缝对直，如图 5—21 所示。

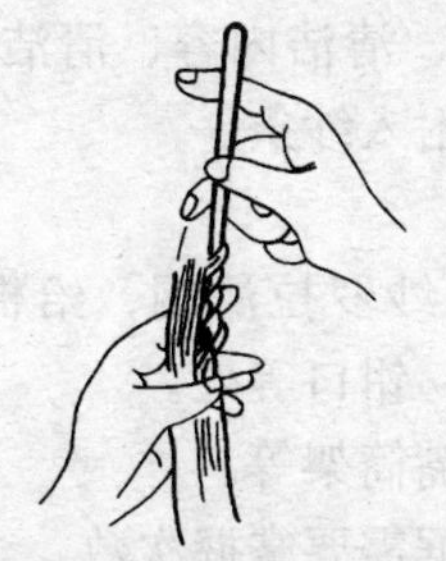
图 5—20　竹扦包卷

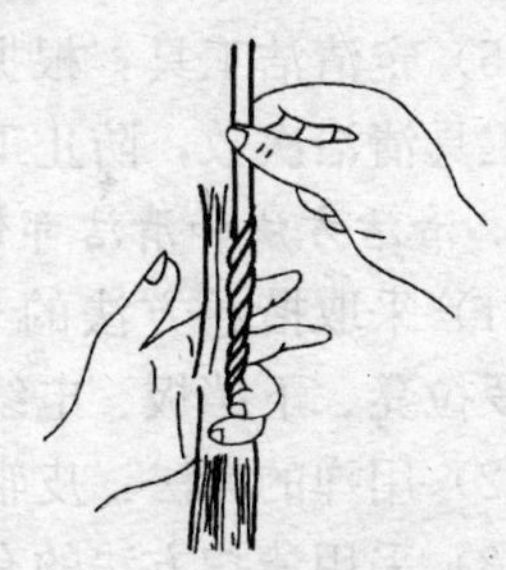
图 5—21　拔扦

五、清整洁工作

做好清洁工作是提高产品质量，减少纱疵的重要环节。把清洁工作合理的安排在一轮班内进行，应使清洁工作进度合理、均匀，克服前松后紧的现象。清洁工作要贯彻“四字原则”，采取“五定”的方法。

1. 四字原则

轻：动作要轻巧。做每一项清洁工作要轻，防止飞花附入纱条，严禁吹、拍、打。

清：清洁工作要彻底，符合质量要求。

匀：均匀安排清洁进度。

防：防止因做清洁工作造成纱疵。

2. 五定方法

（1）定内容：根据质量要求定出清洁项目。

（2）定次数：根据不同支数、品种要求、环境条件，确定清洁次数，制定清洁进度。

（3）定工具：选择清洁工具既要不影响纺纱质量，又要使用灵活方便。

（4）定方法：坚持从上到下，从里到外，双手并用的原则，以不同形式的工具，采取卷、揩、刷、拿、扫的方法。随时将飞花拿清，注意“三花一丝”不落地（即回花、废花、油花、回丝不落地）。

（5）定清洁工具：根据工具的形状、清洁内容、清洁程度，决定工具清洁次数，防止工具上的飞花附入纱条。

3. 清洁方法和清洁部位

（1）采取揩卷方法的有：车面、引纱罗拉滤网、给棉喇叭口、罗拉凳、下挡板、电线和电线插头、钳口等处。

（2）用掸的方法：皮辊架、辅助吸嘴筒架等。

（3）采用清扫方法的有：扫地，根据需要掌握次数，交接班必须将地面清扫干净，以早班为例，清洁进度见表 5—1。

表 5—1　　　　　　　　清洁进度表

时间	清洁内容	工具要求	备　注
7：30	揩滤网	绒布	工具应随时清洁，以防油、飞花附入纱条等情况发生
8：00	检查排杂孔	目视和长皮辊杆	
10：30	检查排杂孔	目视和长皮辊杆	
11：00	揩滤网	绒布	
11：30	揩上车面	浆纱帚	
12：00	揩下车面	菊花帚	
13：00	揩滤网	绒布	
13：30	检查排杂孔	目视和长皮辊杆	
14：00	揩下挡板	浆纱帚	

六、防疵捉疵

质量是企业的生命，质量与人们的生活息息相关，而操作水平的高低会直接影响产品质量的好坏。因此，良好的操作是保证优质产品的重要一环。提高气纺产品质量，减少纱疵是一个重要内容，由于操作原因引起的纱疵比较多，必须采取必要的措施和方法加以预防，见表 5—2。

表 5—2　　　　气流纺纱疵产生原因及预防办法

疵品名称	产生原因	预防办法
规律性条干竹节	气杯凝聚槽积杂	制定气杯清洁制度，保持气杯清洁。由落纱工分班定台做清洁
粗经错纬	1. 双棉条喂入 2. 棉条在筒口擦毛 3. 棉条包头搭头过长或过短 4. 气杯工艺排风孔塞煞 5. 气杯负压降低，刺辊抓取的纤维从排风杂口排出，使纱重量减轻 6. 保全工平揩车后，壳体里吊经螺钉松动，引起烂纱断头	1. 加强巡回，特别是平揩车后，要严格把关 2. 加强清整洁工作，按时做好清洁 3. 严格包卷质量，掌握搭头标准

续表

疵品名称	产生原因	预防办法
灰纱	气杯补风口积灰，随接头关闭纺纱器壳体时附在排杂补风滤网上，补风调节阀上的灰尘受到冲击被导入气流杯中，接头时带上，导致灰纱	1. 接头时，开闭纺纱壳体动作要轻、稳 2. 纺纱壳体前面补风滤网要勤揩，间隔时间不能太长 3. 如断头时间太长或假期后开车气杯内壁要刷清
杂质纱	排杂孔塞煞，纤维中的杂质不能排出，随着梳棉气流带入纱条	按时检查排杂孔，发现有堵塞现象，及时用竹扦棒卷通
粗节	接头时没按要领操作	严格执行接头四字特点
黄白纱	1. 由于棉包更换频繁，级与级、包与包之间的差异比较大 2. 前道混合不均匀	1. 必须加强逐包检验 2. 黄白棉分别处理,实行棉条混合 3. 半制品严格执行先做先用 4. 值车工加强巡回，严格把关

七、安全操作

1. 上车前必须戴好工作帽、穿好工作服。

2. 清扫加捻杯时，应在杯子停止回转后才能用毛刷清扫。

3. 纺纱器壳体不能同时打开，每 10 只必须关闭一只。

4. 听到异响、嗅到焦味，应迅速检查，并同有关人员联系及时排除。

5. 挡车工发现引纱罗拉嵌有纱条或绕进棉条，切不可用手伸进去拿，以免发生工伤事故。

6. 槽筒绕回丝要停车处理。

第二单元　织布挡车工基本技能

模块六　织布挡车工基础知识

一、纱线的基础知识

机织物是由经纱和纬纱相互垂直交织而成的。

1. 经纱

沿织物长度方向系统的纱线称为经纱，即纵向的一组纱线称为经纱，如图 6－1 所示。

2. 纬纱

沿织物宽度方向系统的纱线称为纬纱，即横向的一组纱线称为纬纱，如图 6－1 所示。在组织图中，经纱在上的交织点要做标记，纬纱在上的交织点不做任何标记（空白）。

图 6－1　经纱、纬纱示意图

3. 机织用纱的分类

机织用纱通常按纤维原料的长短不同可作如下区分：

（1）短纤维纱：由短纤维（或切断纤维）纺制成的纱线，如单纱、股线等。

（2）长丝纱：由长丝加工制成的纱，如单丝、复丝、捻丝等。

（3）包芯纱：由长丝、短纤维合制成的一种特色纱，如氨纶包芯纱。

4. 纱线的加捻

加捻是短纤维成纱的必要手段，加捻使成纱具有一定的强力。在一般加捻情况下，相对而言加的捻度大则成纱的强度高。但这不是无限制的，在达到一定程度（临界状态）后，随着捻度的继续加大成纱的强力反而下降。生活中有这样的经验事例：顺着草绳加捻的方向继续加捻到一定程度后，稍加用力就能很容易地把绳子拉断。这说明捻度增加而绳子强度降低了，没有原来牢固了。

长丝纱自身已有一定的强度，所以两根（或两根以上）单丝并起来（称为复丝）即可使用，不一定要加捻。若需要加捻（称为捻丝）则加捻的作用不一定是为了提高强度，而在于丝与丝之间的横向束缚。

随着加捻纤维产生螺旋回转，每转一转称为一个捻回。单位长度（如 10 mm、1 m）内的捻回数称为捻度。

5. 纱线粗细

纱线的粗细程度通常用公制号数（Tex，特克斯）、公制支数、英制支数等来表示。

公制号数是指在公定回潮率的条件下，1 000 m 长度内的纱线质量为多少克，号数就是多少号。号数越大，纱线越粗。

公制支数是指在公定回潮率的条件下，1g 的纱线有多少米长，就是多少公支。支数越大，纱线越细。

英制支数长度和质量都用英制单位来计量，长度单位是码（1 码等于 0.914 4 m），质量单位是磅（1 磅等于 0.453 6 kg）。英制支数是指在公定回潮率的条件下，1 磅的纱线中有多少个 840 码就是多少英支。支数越大，纱线越细。

$$公制号数=\frac{公定质量（g）}{长度（m）}\times 1\,000（特）$$

$$公制支数=\frac{长度（m）}{公定质量（g）}（公支）$$

$$英制支数=\frac{长度（码）}{英制公定质量（磅）\times 840}（英支）$$

股线粗细的表示方法是："纱线的号数×合股数"或"纱线的支数/合股数"。

例如，"13（特）×2"即2根13特的单纱加工成的双股线，"60/3"即3根60支的单纱加工成的三股线。

6. 强力和强度

把单根纱线拉断所需要的最小的力称为单纱线断裂强力，单位为厘牛（CN）、克力（gf）。

为了比较不同粗细纱线断裂强力的大小，通常把强力折算到单位细度上，用同样粗细（即单位细度）的纱线的断裂强力（称为强度）来进行比较。

$$单根纱线断裂强度=\frac{单根纱线断裂强力}{纱线的细度}$$

单位是厘牛/特（CN/tex）、克力/特（gf/tex）。

二、织物的基础知识

1. 经纬密度

沿织物横向（纬向）10 cm中的经纱根数，称为经纱密度。沿织物纵向（经向）10 cm中的纬纱根数，称为纬纱密度。这是公制密度的表示方法。英制密度是用1英寸中的经纱根数或纬纱根数来表示的。棉纺织厂原习惯上用英制密度来表示。

2. 织物的幅宽

幅宽，就是布的阔度。幅宽一般用厘米来表示。

3. 织物的匹长和落布匹数

匹长，是指每匹布的长度。一般定为40 m。布机上落布时都为联匹的形式，有二联匹、三联匹、四联匹等。匹长单位用米来表示。

4. 织物的组织

织物的组织就是经纱和纬纱相互交织的规律。它的种类很多，最基本的是三原组织，即平纹、斜纹、缎纹组织。

（1）平纹组织：平纹组织是织物中的最简单的组织。平纹组织的规律是一上一下，经纬纱各两根相互交叉形成一个基本组织，如图 6—2 和图 6—3 所示。

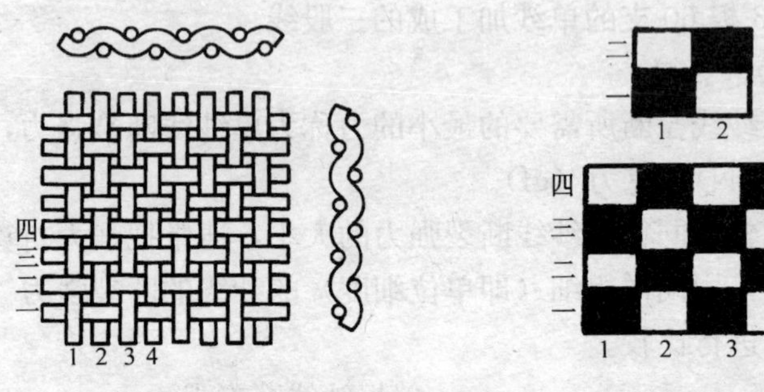

图 6—2　平纹组织的经、纬交织状态　　图 6—3　平纹组织

图中横行（一、二、三、四等）代表纬纱，纵行（1、2、3、4 等）代表经纱。经纱浮在纬纱上面的交叉点为经组织点（又称经浮点），纬纱浮在经纱上面的交叉点称为纬组织点（又称纬浮点）。平纹组织完成一次组织循环为两根经纱和纬纱。我们把经纬纱每出现一次重复交织时的图形，称为一个“基本组织”。图 6—3，为“一上一下”的平纹。平布、凡立丁、乔其纱等织物都是平纹组织。

（2）斜纹组织：织物表面呈现出斜纹路的组织。斜纹路向左，称为左斜纹；斜纹向右，称为右斜纹。斜纹有“二上一下”，“三上一下”等，如图 6—4 和图 6—5。卡其、哔叽、华达呢等都采用斜纹组织。

（3）缎纹组织。缎纹在一个基本组织内，至少要有 5 根经纱、5 根纬纱才能构成，组织图上经组织点较多的称经面缎纹，纬组织点较多的称纬面缎纹，它是三原组织中最复杂的组织。缎纹组织称为几枚几飞。“飞”即为飞数，指相邻的两根经纱或纬纱上单个组织点之间相隔的纬纱或经纱的根数。如飞数为 2，即相邻的纱线数为 2 根。

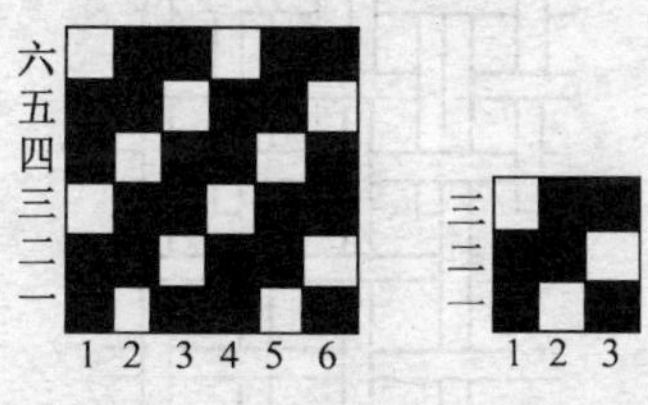

图 6—4　二上一下右斜纹

图 6—5　三上一下右斜纹

缎纹组织中最简单的是五枚的缎纹。图 6—6 所示为五枚二飞的纬面缎纹，图 6—7 所示为五枚二飞的经面缎纹。

图 6—6　五枚二飞的纬面缎纹

图 6—7　五枚二飞的经面缎纹

（4）织物的边组织。织物本身的组织称为地组织；织物边部的组织称为边组织。边组织的作用是：

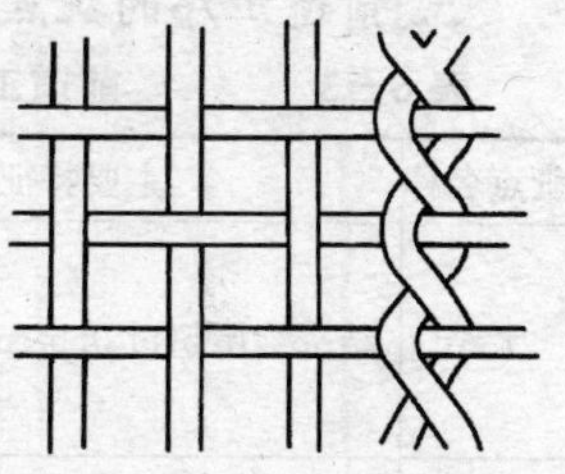

图 6—8　纱罗布边

1）减少织造时边部经纱断头，提高生产效率。

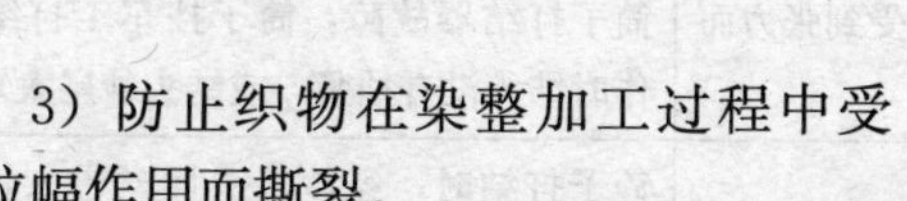

2）防止沿织物宽度方向的过分收缩。

3）防止织物在染整加工过程中受到拉幅作用而撕裂。

织物的边组织根据地组织不同而不同。无梭织机一般采用绞边形式，目前有纱罗布边、绞纱布边、织入布边等，如图 6—8、

图 6—9、图 6—10 所示。各布边的特征见表 6—1。

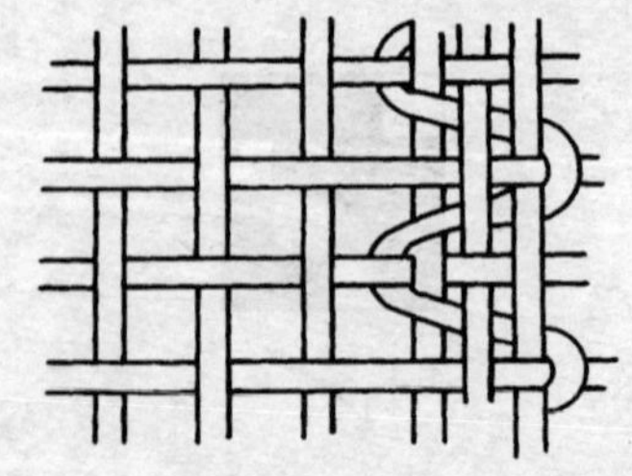

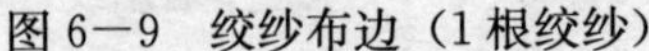

图 6—9　绞纱布边（1 根绞纱）

图 6—10　织入布边

表 6—1　各布边的特征

布边种类	优　点	缺　点
纱罗布边	1. 适用高速 2. 可织牢固的布边	1. 毛边 2. 不适用于稀织物
绞纱布边	1. 构造简单 2. 对稀织物可织牢固的布边	1. 需要高价的专用线 2. 毛边
织入布边	1. 可织入布边 2. 光边	1. 布边部过厚 2. 对高速化有影响

5. 前道工序的疵点类型及产生原因（见表 6—2）

表 6—2　前道工序的疵点类型及产生原因

疵点名称	主要特征	产生原因
大结	结头纱尾超过 0.5 cm 的结	筒子打结器故障，或刀片钝，筒子挡车工操作不良，经纱换筒结头纱尾剪得长
脱结	结头不牢，在织造时受到张力而结头松开	筒子打结器故障，筒子挡车工打结操作时结头没有抽紧，或结头纱尾太短
飞花回丝夹入	经纱上附有花衣、回丝	筒子打结时，经纱接头回丝带入，络筒和整经做高空清洁或机上清洁时，飞花带入筒子或经轴内

续表

疵点名称	主要特征	产生原因
小辫子（扭缩纱）	经纱失去张力而扭缩	筒子接头后送纱太快，管纱与筒纱两根纱头在接头前拉出太长，使纱失去张力而扭缩
扳头	织轴上的经纱不按原来排列穿入停经片、综丝、钢筘，而是攀到其他位置，穿入停经片、综丝、钢筘	浆纱倒断头，接经穿综时少头
倒断头	织轴上的经纱断头，一个头脱出来，另一端断头纱尾找不到，中间缺少一段，要等织过一段时间后，才在织轴上出现，这种经纱断头，叫倒断头	整经断头处理时割断邻纱，浆纱断头缠绕在各导辊上，经轴上附有回丝，浆纱在伸缩筘处撞煞而崩断头，或者经轴、浆轴盘扳起毛面扎断边纱
绞头	经纱在织轴上互相绞起来	浆纱排列不均匀，浆纱操作工任意在伸缩筘上搬头。浆纱木夹子没有夹紧或松脱，使纱头绞乱。穿经上轴时，纱片引出没有引直、夹整齐，造成绞头叠绞。浆纱排列不均匀，张力松，造成穿经分头不清
并头	两根经纱或几根经纱粘合在一起	浆纱回潮过高，浆纱断头处理后漏分绞
多头	在织造过程中，有时织轴上多了一根或几根经纱，即未穿过停经片也没穿过综筘	浆纱倒断头或穿经时不注意拉断头
双经	两根经纱并合，穿在一根综眼里	浆纱回潮高，穿经时纱分不清，分头纱纱头紊乱不清
错综（并排）	不按组织图穿综，在布面上出现并排，或破坏原有组织规律	分错综丝顺序，把 1、3、2、4 误穿为 1、2、3、4

续表

疵点名称	主要特征	产生原因
错筘、空筘、叠筘	每筘中的经纱穿入数或多或少，不按组织图穿筘，称错筘。有的一筘中经纱数是原来2倍，称叠筘。有的筘中未插入经纱，称空筘	插筘刀在插筘时，没有移过筘片位置，在原筘齿内重复插筘，就产生叠筘。插筘片移动过多时，多跳一片筘齿，形成空筘
上浆不良（轻浆、棉球）	织口处经纱起毛或有密集性的棉球	调浆成分选择不当，上浆率过低，或者调浆时蒸汽带水过多，造成浆液太薄，黏度低。浆纱机的车速过快，经纱浸浆时间太短
浆斑	经纱表面有浆皮、浆块	浆纱机坏车、停车、打慢车造成浆斑
浆油	表面上呈现规律性的由大到小、由深到浅的黑油	浆纱烘房内转笼、导纱辊的轴承润滑油熔化，外溢到浆纱上，造成布面油渍
锈渍	浆纱上断续锈渍	浆轴盘板护漆脱落，盘板潮湿，浆纱回潮高，造成边纱铁锈纱

6. 无梭织机对原纱与半制品质量要求

（1）原纱条件。

1）单纱强度（CN/tex）要高于有梭织机的用纱。平均强力与最低强力之差应尽可能小，最低强力（CN）要不低于平均强力的80%。

2）粗节、棉结杂质要少，条干要均匀，做到无纱疵。

3）细度和捻度不匀率要低，无弱捻纱。

4）毛羽要少而短。

5）选用无结纱，如有结头必须小、牢，长度细支小于3 mm，粗支小于5 mm。

6）原纱指标重点控制单纱强力不匀率、条干不匀率、重量不匀率三个CV%值。

（2）经纱条件。对经纱的总要求是断头少、开口清、无结无疵。

1）断头少：纱线要有较高的强力，能经受织机的高频率强打纬和大张力、大卷装的工艺要求。纱线要有适当的伸长与柔性，能承受上机开口拉抻和大张力的织造要求，尽量减少断头。

2）开口清：络筒工序的清除纱疵功能要好，使经过络筒后的经纱纱疵粗细节要少。浆纱工序倒伏毛羽功能要好，使经过上浆的经纱毛羽短、少而且伏贴。

3）经纱指标一般重点控制：络筒工序的筒子十万米纱疵与气捻接强力；整经工序的万米百根断头；浆纱工序的增强、减伸、卷绕密度和好轴率等指标。

（3）纬纱条件。对纬纱的总要求是：强力不匀率要低，条干细节要少，捻度要均匀，纬筒断头少，无结无疵。

在无梭织机制织一些特殊品种时，如短纤维、高紧度、粗支纱等，纬向可在络筒工序选用上油（水溶性油剂）工艺，达到纱线更光滑、引纬正确、纬向停台减少和纬向疵点减少的目的。

（4）喷水织机对纱的质量要求。

经纱：1）严格控制毛羽，有适宜的伸长、表面平滑、抗静电好。

2）原丝的热收缩度较低，有较好的定形性。

3）原丝含油量要低于1%。

纬纱：1）无单丝分离和毛羽断头。

2）卷装成形、退绕质量好，并有适合不同品种的捻度。

3）原丝不含油剂或少含油剂。

（5）半制品质量。半制品指经向织轴、纬向筒子、边部绞纱筒子。

1）织轴条件。提供给织造工序生产的织轴必须符合织轴好轴率标准，达到卷绕平整、排列均匀、无松宽边等要求。

好轴率是车间实查符合好轴总只数和检查的总轴数之比。

①无梭织机织轴好轴率的考核标准：

斜拉头——即双轴与单轴中出现的借头已影响和超过规定的

借拉距离。

多头——不按工艺规格经过穿综、浆纱工序后出现的多经纱头份现象。

倒断头——即从织机前织口向织轴方向机后寻找无织轴纱相衔接的缺经纱头份现象。

并头——即经纱根与根之间出现粘并现象。

绞头——即出现在织机停经片—织轴引纱辊间的纱与纱相互攀缠、交叉引出的现象。

挑头——即将经纱挑离后梁或从其他张力辊、导纱辊引出的现象。

松头——即经纱自织轴引出进入停经片时出现的松、紧（软、硬）嵌经纱情况。

另外，还包括在织轴好轴率检查中发现的油污渍、浆斑、流印、无印、用错纱支及上了机的长短码份标错，都应纳入好轴率管理考核范围。

②织轴主要疵点的预防和处理方法见表6—3。

表6—3　　织轴主要疵点的预防和处理方法

疵点名称	预防与处理方法
倒断头	加强经纱检查和提高补接头处理质量，一次性对接有效经纱，减少停台时间，以防影响布面质量
绞头	采用梳、换、勤理方法处理好浆纱、络筒工序绞头。提高织造边断头及对接头质量，杜绝布机间人为绞头。对重点机台要跟踪处理，严重绞头要重新对接处理
并头	对浆纱粘并的经纱主要采用梳、理、调的方法，并加强巡回，及时拉动与梳理
边不良	对边部宽与松的经纱要跟踪检查边组织、绞边机械，用纱条件方面的机械、张力和原纱条件的情况，要加强值车巡回处理和判断张力，减少重复宽纱关车和边不良关车出现
浆斑（油污）	及时发现可在经纱处清洗，严重的要采用分段对接（捻）头，处理一次浆斑疵点，并与前工序人员联系，以防连接性疵点产生（包括流印、无印疵点及时通报，反馈前工序）

2）筒子条件。提供给织造工序的筒子必须符合筒子质量标准。筒子的外观质量如筒子成形、色泽、表面无磨损等，筒子的内在质量如卷绕密度、结头疵点捻接质量、捻度等，都应达到标准要求。现场重点的质量守关在前者。

① 织部络筒好筒率检查方法与计算：抽查整经车及织机储备筒纱质量，一是查外观质量，二是倒筒查内在质量，具体标准由各行业主管部门规定下达。

好筒率指车间实查符合好筒总只数和筒子的只数之比。

② 筒子主要疵点及预防处理方法见表 6—4。

表 6—4　　筒子主要疵点的预防和处理方法

疵点名称	预防与处理方法
攀头筒子	出现在筒子的大小头端，如根数在挑出 1 mm 左右则无须挑断处理，严重的应直接挑断作断纡处理。已影响操作却无法挑断，又很明显的要退回不用
菊花芯筒子	手感松弛，严重的要剔除处理，如内松外紧不影响织造的在部分界限处挑断作断纡处理
表面烂纱、擦伤筒子	拉去一定长度的烂纱后直接使用，如在根部大量表面起毛擦伤，应退回不用
重叠、腰带、凸边、葫芦筒子	原则上已不能使用，并及时通知前工序络筒跟踪工号到现场处理，如属买纱应倒筒重新整理使用

3）绞边筒子条件。

① 绞边纱必须从有利于张紧布边和适应边组织大张力交织两方面考虑选用。一般绞边纱强力都高于地组织纱线，大多选用合成纤维或长丝（低弹）等原料的纱线，包括双股线。

② 绞边筒子是在专门设备上形成，必须达到卷绕匀无松紧。

③ 丝织物绞边通常选用同地组织相同原料的纱线（丝）。

④ 废边纱筒子条件。无梭织机废边纱构成一般有两种形式，一种由织轴卷绕成形直接提供废边纱，另一种是在专用废边纱筒子架上提供废边纱筒子。这里是指后者。

废边纱应侧重考虑布边的纬向张力与毛边卷绕要求。大多采用粗于地组织的纱线，对特殊的差别化纤维、高紧度等织物亦可考虑用双股纱线。

废边纱筒子应卷绕均匀，强力不匀率要低，防止细节纱而致拉断，注意成形质量，便于退绕。

三、织造生产的工艺流程

1. 织造的任务

织造是将前织工序穿好的经轴，严格按织造工艺规定和成品质量标准，把经纬纱交织成织物，并使织造生产实现优质、高产、低耗、安全的目标。

2. 织机的主要机构

织机织造时，它必须完成五大运动，完成这五大运动的机构称为织机的主要机构。

(1) 开口机构。按织物组织依次分开经纱形成梭口，以供引纬。

(2) 引纬机构。把纬纱引入梭口。用梭子引纬的织机称为有梭织机；用其他方法引纬的织机称为无梭织机。

(3) 打纬机构。把引入梭口的纬纱推到织口，形成织物。

(4) 送经机构。按交织的需要供应经纱，并使经纱具有一定的张力。

(5) 卷取机构。把织物引离织口，卷成一定的卷装，并使织物具有规定的纬密。

3. 织造的工艺过程

织物形成的过程，是把经过准备的经纱（织轴）和纬纱（纡子或筒子）在织机各机构的相互协调、配合下，按照一定的组织规律，相互交织，形成一定组织结构的织物，其具体形成过程如图 6－11 所示。

经纱 1 从织轴 2 上按适当的所需长度退绕出来，绕过后梁 3，穿过停经片 15 的孔眼，引向机前，穿入综眼 6 内，再通过钢筘 7 的齿隙，集中到织口（布和纱线的分界线），织口向前便形

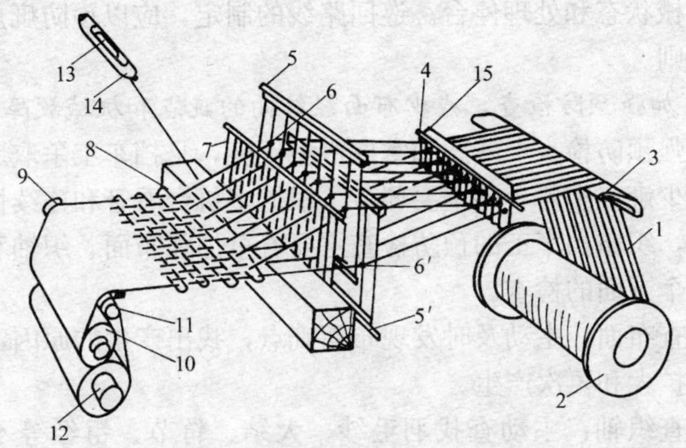

图 6—11　织物的形成示意图

1—经纱　2—织轴　3—后梁　4—绞杆　5，5′—综框　6，6′—综眼　7—筘　8—织口　9—胸梁　10—刺毛辊　11—导辊　12—卷布辊　13—纡子　14—梭子　15—停经片

成织物。随着织物的不断形成，卷取机构按照织物规定的纬密，以一定量的卷取长度，将织物引离织口。织物绕过胸梁 9、刺毛辊 10、导布辊 11，最后卷绕到卷布辊 12 上。当卷布辊上卷绕的织物达到规定的长度，就必须把这个卷布辊取下，换上一只新的卷布辊，再开车继续生产。

模块七　有梭织机挡车工操作

一、有梭织机织布工作法的特点

1. 巡回有规律，工作主动有计划。

自动布机挡车工的工作是多机台看管，一般要看 16～24 台布机。因此，作为多机台看管的首要条件，必须是巡回有规律，保证对所看管的机台，每隔一定时间进行检查，以便做好预防工作，及时处理停台。挡车工在巡回中的主要工作是检查布面、织轴、机械状态和处理停台。巡回路线的制定，应以预防疵点的产生为原则。

2. 加强预防检查，减少布面经纬向的疵点和机械故障。

加强预防检查，熟悉和掌握机械性能，是挡车工争取工作主动、减少疵点和停台的重要环节。根据多机台看管和连续性生产的特点，织布挡车工的预防检查主要着重加强布面、织轴和机械状态三个方面的检查。

检查布面：主动及时发现布面疵点，找出产生的原因，预防疵点的扩大和再次产生。

检查织轴：主动查找羽毛纱、大结、竹节、粗经等不良经纱，及时处理，预防断经和布面产生经向疵点。

检查机械状态：针对容易产生故障和布面疵点的机械部件，进行检查，及时发现和预防由机械状态不良而产生的疵点，以达到减少停台、安全生产的目的。

3. 合理组织各项工作，善于安排和利用时间，达到省时省力。

多机台看管，必须合理地、有计划地安排自己的工作，做到工作有节奏，忙而不乱。工作法是以一个巡回为一个工作单元，挡车工的各项工作（检查布面、织轴、机械状态和处理停台）都要合理地组织在每一个巡回中进行。在巡回中，各项工作的组织和安排，是以合理掌握巡回时间和预防疵点产生为原则，并应根据实际情况，灵活运用时间，分清轻重缓急来决定自己必须进行的工作，从而达到省时、省力、高产、优质的目的。

4. 基本操作又快又好又安全。

织布挡车工执行的各项基本操作，是由几个基本动作组成的。这些基本操作和动作，在整个一轮班工作中，都要重复多次，而且往往是交叉进行的。它的快慢、好坏，不仅影响时间的分配，而且影响产品的质量和生产效率的提高。因此，如何减少不必要的动作，熟练掌握必要的动作，缩短基本操作的时间，做到又快、又好、又安全，是挡车工必须具备的基本功，也是合理利用工时，提高产量和质量的重要环节之一。

二、操作巡回

1. 交接班工作

(1) 总的要求。每个挡车工应提前 30 min 到岗位，做好班前准备工作和交接班工作。原则上规定，交班以交清为主，接班以检查为主。

交接班时，每个人都必须在自己的工作岗位上，按交接班规定的内容，高标准、严要求地进行对口交接。

在交接班中，既要发扬共同协作的精神，又要分清责任。

(2) 交接班的主要内容。

交班工作：

1) 交清坏车、坏布、开台情况、品种变换、经纬纱质量及供应情况。

2) 开齐停台，承担坏布责任。

3) 理清经纱的绞头、多头、借还头。

接班工作：

1) 认真做好机台清洁：

清洁工具：一块遮布、两块小布、一把纱帚。

清洁周期：车前 24 h 一次，车后 8 h 1～2 次。

清洁原则：从里到外，从左到右，从上到下，边揩边查。

清洁范围：车前清洁顺序是吊综轴→吊综辘轳→吊综皮带→筘帽及护梭装置→龙门挡→纬纱叉→边撑盖→钢筘两端。

2) 认真做好布面、经纱、机械检查：

查布面：挡车工应将所看管的全部机台布面仔细检查一次。检查布面上的连续性疵点，并及时找出原因。

查经纱：将全部机台上的经纱，进行彻底的检查。发现经纱多头、绞头、倒断头等不良情况时，应及时处理好。

查机械：挡车工在检查布面和经纱的同时，将自己看管的全部机台的机械状态逐台检查一遍。有梭织机车前检查吊综开口情况，投梭力大小，打棒是否回退灵活，螺钉是否有松动或脱落等，探针、纬纱叉、边撑剪刀及伸幅器等是否良好。车后检查停经片铁条是否跳出，经轴是否跳动，侧板托脚螺钉及经轴搭攀螺钉是否松动。

2. 巡回工作

挡车工按照一定的巡回路线进行工作。有规律地巡回，均匀而合理地掌握时间，是多机台看管的重要环节。织布挡车工在巡回时，必须贯彻以预防为主、防捉结合的精神，主动掌握生产规律。

（1）巡回路线。巡回路线的确定，应以预防疵点的产生不拆坏布为原则。目前一般有梭织机采用 2∶1 的巡回路线，无梭织机采用 1∶1 的巡回路线，如图 7－1、图 7－2 所示。其中，打▨为机前布面，↓↑↖一表示先左后右双面检查。

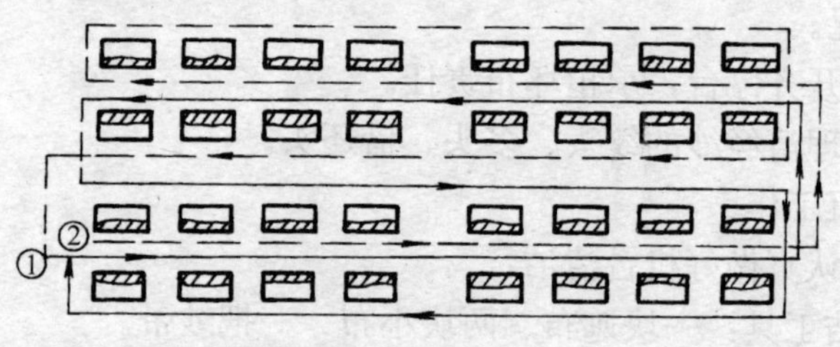

图 7－1 一般品种采用的 2∶1 巡回路线

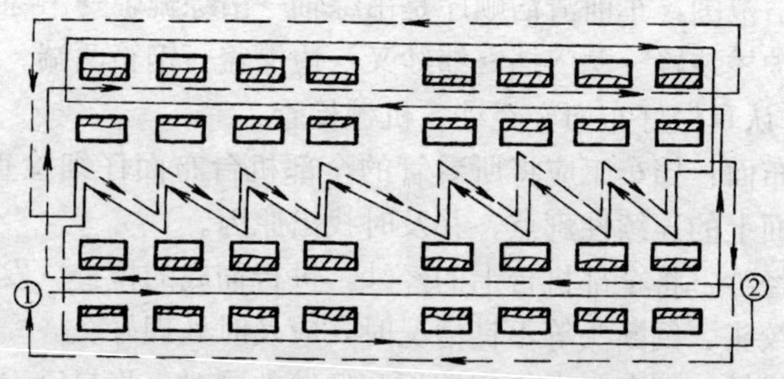

图 7－2 少拆、不拆坏布品种采用的 1∶1 巡回路线

(2) 巡回时间。一个巡回，从开始到终了，叫一个巡回周期。一个周期所用的时间，称为巡回时间。巡回时间应根据挡车工的看管台数、巡回路线、织物稀密程度以及处理停台多少来决定。

(3) 目光运用及机动处理停台。目光运用是指挡车工在巡回过程中，经常观察所看管机台的运转和停台情况。发现有停台，可以适当地改变巡回路线，按轻重缓急，离开原来的路线，先去处理好停台，处理完毕，仍回到原来的地方，按照原来的巡回路线继续巡回。

目光运用的总体要求是：

进车弄的时候朝前看，

出车弄的时候回头看，

小弄的时候左右看。

处理停台时要有计划，机动灵活，合理安排，少走冤枉路，不走回头路，及早把停台开出，提高织机的效率。

(4) 布面检查。挡车工在检查布面的过程中，发现布面疵点，及时处理，同时还应找出产生疵点的原因，预防疵点重新产生，这是提高棉布质量的重要环节。布面检查的内容，主要是检查布面有无疵点，布面松紧，及时处理布面布边的纱尾。

1) 布面检查的范围及方法：分四段来进行。

从综丝到织口之间的经纱，可用目光检查。

从织口到胸梁之间的布面，应用手眼结合的方法检查。

从胸梁到导布辊之间的布面，应用手眼结合的方法检查。

从导布辊到卷布辊之间的布面，应用手眼结合的方法检查。

2) 检查方法为半 H 形带纱剪，目光看手后面的布面。

检查方法举例：

进车弄时，先左后右查看两台车从胸梁到刺毛辊之间的布面。

立停后，目光自左向右查看右面机台从综丝到织口的经纱，发现疵点及时摘除。

自右向左查看从织口到胸梁之间的布面，采用半 H 形的检查方法右手拿纱剪，手指并拢，右手手指从搭牢胸梁、手在离布边 2 cm 开始，目光集中看着手后面的布面，剪刀尖头不可露出手指，刀柄不碰布面，发现布面拖纱，随即剪去，回丝放在工作围裙口袋里。

每次巡回要重点检查 1～2 台机械。

3）布面疵点的预防及处理方法。如布面出现烂边疵点，应检查梭纡配套是否良好，梭子瓷眼是否有花衣塞刹等。

如布面出现一直条的经向经缩或跳纱，应检查织口经纱有否回丝、花衣、活络结头等。如有，应立即清除。

发现布面纬缩，应检查梭子或纬纱有无毛病或竖起修机信号牌。

如发现边纱断头时，需将边撑拉动，查看边撑下面有无蛛网或跳花等疵布。

如遇到上轴、大小平车，重点检修、品种翻改后的机台，应仔细查布面，以防星形跳花、穿错、双经、边撑疵等疵布的产生。

遇布墨印或了机墨印，应分别竖起落布信号牌或了机信号牌。

（5）经纱检查。巡回检查经纱，主要检查经纱绒板、竹节、不良接头、附着的花衣、回丝、绞扳头等不良纱线，发现要及时处理，防止这些疵点产生布面疵点。

1）分三段来检查：综丝到停经片之间的经纱、由停经片到后梁之间的经纱、由后梁到织轴之间的经纱。

2）发现疵点处理的方法有“剥、剪、捻、调”4 种。

剥：发现花衣附着，纱头搭入或棉花籽壳，可用手指剥去。

剪：发现棉球、大结、花衣块，可用剪刀剪去。

捻：发现经纱弱捻及羽毛竹节，可用手指捻转，使其加捻。

调：发现粗经，竹节、浆花衣块等，应将这段疵纱摘去，用接头纱重新接好。

（6）机械检查。掌握机械性能，是织布挡车工提高产品质量的有效手段之一。由于织机振动大，连续性生产和车间温度、湿度情况，容易引起螺钉松动，机械部件走动，电气损坏等故障，以致影响正常的生产，造成布面疵点，影响质量。

织布挡车工机械检查的方法（机械检查七字经）是“眼看、耳听、手抚摸”三结合，对经常容易出现毛病的机件，要多加注意。发现地面落物、布面疵点，耳朵听到异响和其他不正常现象时，要及时进行检查，追根到底，分析原因，与机修工联系，及早处理。并要求织布挡车工在实践中不断提高掌握机械性能的主动权和技术水平。在织布工作法中，规定织布挡车工除接班时要全面检查看管机台的机械外，在一轮班中，对所看管的机台，至少要检查1～2次，检查机械可结合在巡回操作中进行，每一个巡回可重点检查机械1～2台。

（7）处理停台，结合分析。巡回中发现停台，可机动改变路线，先处理好停台，以缩短停台时间，增加产量。

织机停台有断经停台、断纬停台、换梭停台、松经停台、坏车和坏布停台，挡车工对停台的判断应准确及时。根据不同的停台原因，采用不同的处理方法，合理运用各项动作，提高处理速度，缩短停台时间。同时，在处理过程中还必须对停台进行分析，找出停台的原因，采取预防措施，以免再次重复停台。这样对提高织机效率和产质量有着重要的意义。

1）断经停台的判断：在巡回中发现停台时，如果看到布面有经向起圈、断疵、崩头、断头现象，或有黑影、浪纹，可以断定是经向停台。在车后平划停经片时，觉察有下沉的停经片，就是有断经。如果布面有一根经纱松弛，使该处布面不平整，大多总是松经关车。在处理断经停台时，挡车工应根据断经部位、断头形状，分析其产生原应。例如，发现某一根经纱，经常断在综眼处，挡车工就应该检查该根经纱所穿的综丝是否良好。如果断头在织口和综丝之间，应检查筘齿是否有黄锈、起毛。如果经常断在停经片处，断头的形状呈快口，应检查停经片是否起槽，眼子是否有刀口形。若织口综丝间出现几次断头位置相同的一根或几根经纱断裂，应分析检查梭子是否起毛。如断头经常出现在布边部分，应检查边纱是否穿错、布边筘齿是否起槽、边撑高低、前后位置和吃布是否良好。

2）断纬停台的判断：判断断纬停台，应首先看两边织口有无纬纱连着，如果没有纬纱，说明是空管或断纬停台。查看换梭侧布边纱尾情况，如果在织口处有两根纱尾，即说明是换梭停台。如果以上情况（包括断经）都没有，即说明是无故关车。

3. 操作测定及技术分类标准

操作管理制度中规定，每月由教练员对每个挡车工的操作技术进行一次测定排队分析，并把每月测定成绩列入个人记录卡，作为个人操作技术档案并纳入岗位经济责任制考核。

（1）全面操作测定，内容见表 7—1。

（2）单项操作测定。

1）处理四台断经。断经处理测定共测四台，两台一次，两次做完。从走进第一台车开始，到处理完第二台车开车为止，然后将两次测定的时间相加。

2）处理四台断纬。测定台数为四台车，两台一次，两次做完。从走进车弄靠近第一台车开始，到处理好第二台车举手为止。然后将两次测定的时间相加。

3）车后捉疵。测定台数为四台，一次完成。从靠近第一台车的织轴盘板开始，到第四台车处理结束开车为止。

4）机下打结。从搭头开始，到打满一分钟为止，共打两次，取其中最好的一次打结数。凡是蝴蝶结、长尾结（纱尾长度超过 0.7 cm）、棉球结、无尾结（单根或双根纱尾看不到结头纱尾）都是不合格结，计算时应剔除。结头如图 7—3 所示。

图 7—3　织布结图形

表 7—1　　自动布机挡车工操作测定表

____班　姓名____　品种____产量____　质量____　　年　月　日

执行路线	巡回安排				布面检查				经纱检查				重点检查						
	巡回时间	巡回时间超过	巡回路线走错	目光未运用	布面漏疵	织口漏疵	漏查布面	手眼不一致	不全幅拨动	手眼不一致	漏查经纱	漏查疵点	全部车后开口绞住	不查漏查连续疵点	查机械漏项	比规定少查	开车造成疵点	轧梭	撞球钢筘
巡回		10秒	次	次	处	只	台	次	台	台	台	只	台	台	项	台	次	次	台
扣分		0.1	1	0.1	1	0.5	0.5	0.1	0.1	0.1	0.5	0.5	0.5	0.5	0.5	1	1	1	1
1																			
2																			
小计																			

执行路线	穿错	不剪拖纱	空梭不入箱	停台不分析	断头	缺纬	搭头超过5cm	打结不抹纱尾	打结不合格	羊角回丝不拉断	羊角回丝太长	回丝不入袋	捉疵停台未开出	动作未做完	开车后停台	举错手	勿机动	一线二用	其他
巡回	台	次	只	台	要	次	次	次	只	台	台	次	台	台	台	次			
扣分	0.5	0.5	0.5	0.2	0.2	0.2	0.1	0.1	0.2	0.2	0.1	0.1	0.5	1	0.2	0.2			
1																			
2																			
小计																			

巡回中操作记录							单项成绩				评语：	
巡回	多开加分	少开扣分	经向开台	纬向开台	车前捉疵	车后捉疵	连结头		四台断纬			巡回扣分
1												巡回加分
2												单项扣分
合计							四台断经		车后捉疵			单项加分
												总得分
												定级

(3) 织布工作法测定标准及评分。工作法测定标准及评分按测定表中的项目扣分规定，进行评分。

操作总得分计算为：总分＝100＋各单项加分－各单项扣分。

操作分类标准：按总分并结合生产质量完成情况定级。

优级手：总分为 97 分，并完成产质量指标。

一级手：总分为 90 分，并完成产质量指标。

二级手：总分为 85 分，并完成产质量指标。

三级手：总分为 80 分，并完成产质量指标。

级外手：总分不满 80 分。

总分达到上述标准而产量未完成者，在总分定级基础上降一级：如质量未完成，则在总分定级基础上降二级；当产质量均未完成时，则在总定级基础上降三级。

4. 有梭织机布面疵点的特征

有梭织机布面疵点如图 7－4、图 7－5 所示。

(1) 跳花、跳纱、星跳。

1) 跳花的特征：三根及三根以上的经纬纱相互脱离组织，并列成规则或不规则形状。

2) 跳纱的特征：一根到两根经纱或纬纱跳过五根及以上。

3) 星跳的特征：一根经纱或纬纱跳过 2～4 根，形成点状。

(2) 断经、沉纱、断疵。

1) 断经的特征：布面呈现出少经纱的部分。边部断经的经向断头产生在边组织范围内或边纱筘齿附近。

2) 沉纱的特征：经纱未按织物组织形成组织点，而沉在纬纱上下。每处沉纱长度不规则，大多沉在纬纱之下，一般高密织物容易产生。

3) 断疵的特征：经纱断头后，纱尾织入布内。

(3) 经向经缩（吊经、松经）、纬向经缩（波纹）。

1) 经向经缩的特征：部分经纱在织造中受到较大的意外张力而突然松弛，织入布内的经向屈曲波很高，像波浪状起伏不一。轻的称经缩波纹或经缩方眼；严重起楞的称经缩浪纹。

2）吊经、松经的特征：布面经向出现连续或断续的经纱松或紧。1～2 根松经、吊经混在一起称为吊松经。

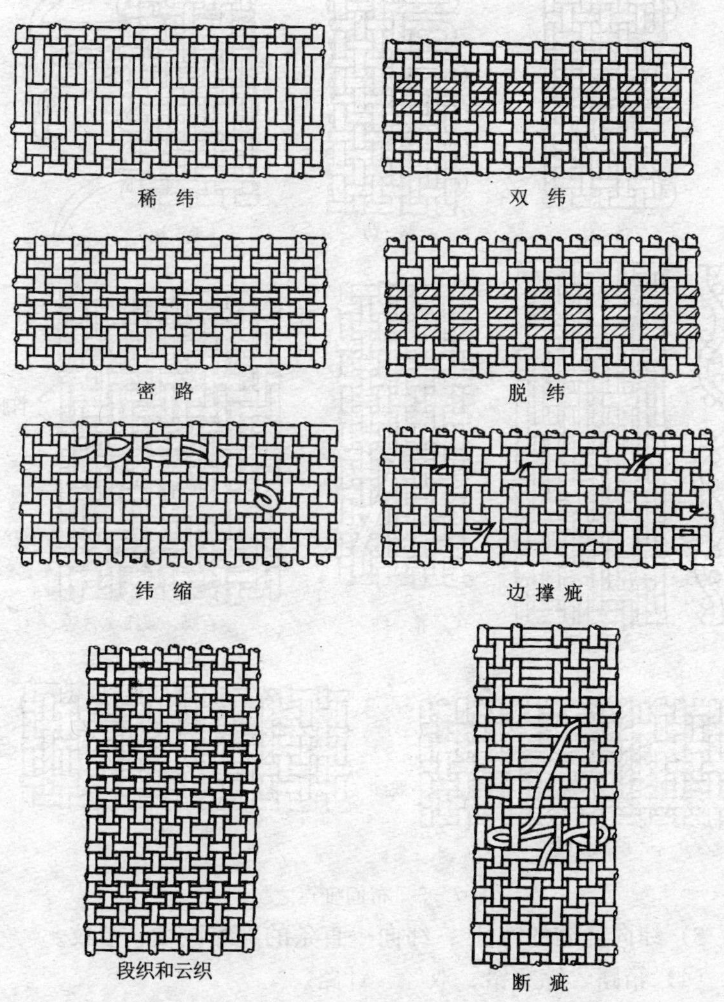

图 7—4 布面疵点之一

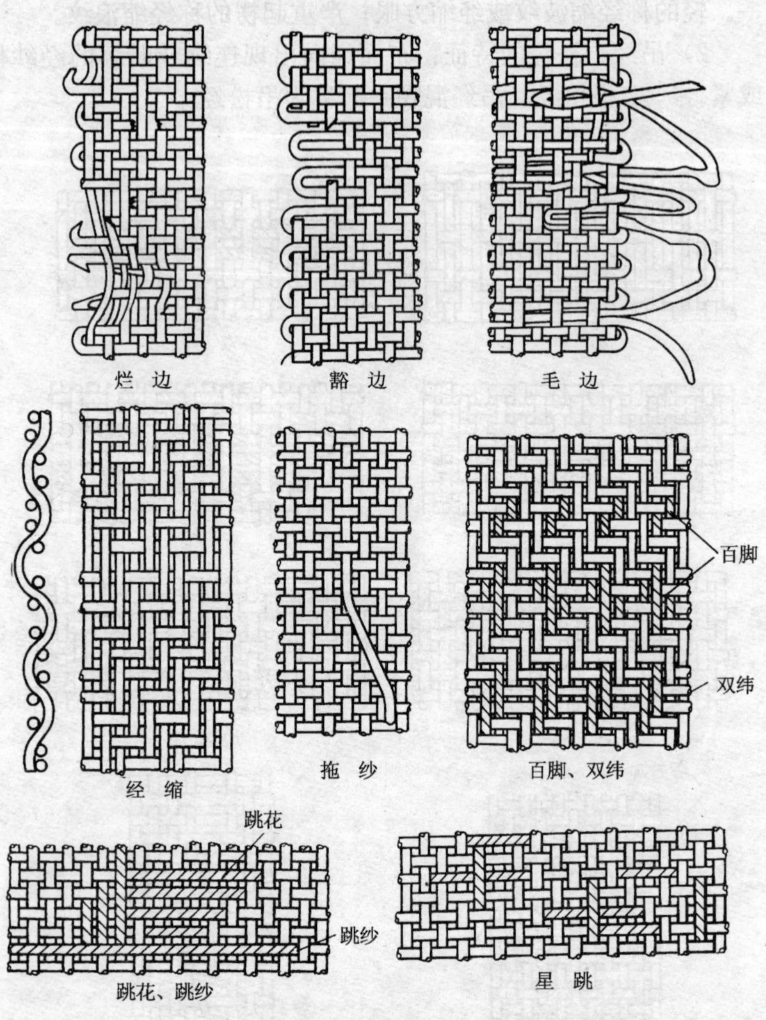

图 7—5 布面疵点之二

3）纬向经缩的特征：纬向一直条的经缩波纹、浪纹。

（4）筘路、综穿错、双经、针路。

1）筘路的特征：织物内某根经纱的左侧或右侧，同时出现稀或密，使经纱排列呈明显的长条线状不匀。

2）综穿错、筘穿错的特征：不按组织图穿综或插筘而造成。

3）双经的特征：两根经纱穿入同一根综丝内。

4）针路的特征：钢针插入布面，使组织点出现连续性的稀密不匀。

（5）油疵（油经、油纬、油污渍、散油）。

1）油经的特征：布面有单根或并列，也有断续的或连续的。

2）油纬的特征：布面有条形的，连续性较短的，不规则分散的和有规则集中一处的。

3）油污渍的特征：布面有色泽较淡的、淡黄色的油污或黑油污，这类油疵有时有规律性，有时无规律性。

4）散油的特征：一般为浅色油滴，分布在布边的两侧或布幅中间。

（6）稀弄、稀密路。

1）稀密路的特征：布面上呈现纬密不正常，稀密不匀的现象。

2）稀路：布面上纬密呈现稀松的现象。

3）密路：织物纬密不正常，呈现密的现象。

（7）双纬、百脚、断稀。

1）双纬的特征：平纹织物的纬向组织中，如缺少半纬或一纬，而使两根纬纱并合在一起，即一梭口有两根纬纱。

2）百脚的特征：斜纹织物产生同平纹织物一样的特征。

3）断稀的特征：在双纬中夹有稀弄。

（8）边撑疵。边撑部位的经纬纱被扎断 1～2 根或纱身起毛拉断而造成。

（9）边不良。织物在织造过程中，由于边部经纱张力和退绕时的纬纱张力互相配合失调而导致，其形状有锯齿形、荷叶边、边纬缩、犬牙边、边穿错以及布边两侧带有规律性不平整等。

（10）烂边。织物边组织内仅断纬纱。

（11）毛边。自动换梭织机，换入或换出梭子的纱尾不及时剪断，随梭子运动再次带入织口，并列露出布边外成须状。

(12) 纬缩。纬纱扭结织入布内或者起圈，呈现于布面上的一种密集性疵点。扭结纬缩大部分产生在离换梭侧布边 250～300 mm 的区域。在布面呈明显的小圈凸出布面，或织在布面内，长度约 6～25 mm。

(13) 云织。织物纬密出现一梭稀一梭密，或者片段稀密不匀的布叠起来看显出段稀段密。

(14) 杂物织入。在织造过程中有飞花、回丝，包括皮屑、木质、金属物、瓷器等杂物织入布面内。

(15) 脱纬。织物表面有 3 根及以上的纬纱同处在一个梭口内。

(16) 破洞、豁边。

1) 破洞：布面上呈现并列 3 根及以上的经纬纱共断。

2) 豁边：边组织内有 3 根以上经纬纱共断或单断经纱。

(17) 粗经。布面经向出现连续性的粗度是原经纱 1.5～2 倍的粗经纱。

(18) 错纬。包括粗纬、细纬、紧纬、松纬。

模块八　无梭织机挡车工操作

一、无梭织机工作法的特点

无梭织机运转生产具有高速运转、高度自动化和多种方式引纬等特征，无梭织机运转生产的品种结构越来越趋向多元化、系列化、高品位化。无梭织机运转生产中对纱线（半制品）质量、织机的工艺参数、车间环境、挡车工技能的要求都很高。

1. 全项操作以预防检查为主，突出规律性。

全项操作内容包括对原纱、半制品、工艺、品种等质量的预防检查和对经纱、布面、机械、电气等质量的预防检查两大关。这些工作贯穿于运转生产一轮班，必须做到合理主动有规律，满足无梭织机生产高品位织物的需要。

2. 单项操作以判断处理为主，强调准确性。

单项操作内容包括对原纱、半制品疵点的判断处理和对经纬向停台判断处理两大类。高速运转的无梭织机必须有很快、很好、很稳的单项操作处理技能，做到准确无误，提高织机效率，实现无梭织机高效能的生产特点。

3. 键盘操作以分析核对为主，注重应用性。

键盘操作内容包括查核分析织机效率、运转率、产量、经纬向停台、机械电气故障和调整检查生产运转班次、匹长及设定的织造工艺参数两大类。操作时要结合品种质量要求，熟练各键作用和屏面显示内容及注意事项，熟练操作各键，实现无梭织机更有利于提高操作技能、方便操作和先进管理的优势。

二、无梭织机的测定项目及测定方法

1. 巡回安排与处理（全面测定）

巡回安排执行 1∶1、1∶2、2∶1 路线，测定方法参照有梭织机测定表。

2. 单项测定

各类织机单项测定的内容均以处理四台断经、处理四台断纬、车后捉疵、机下打结四个单项项目组成。

3. 喷气织机测定方法

(1) 断经测定：

1) 测定方法。测定机台一台，断经位置测两次。每次速度分别记录累加计算，质量合计扣分。

2) 断经位置。第一次断在储纬器一面，布面位置离边撑 10 cm避开分纱板 5 cm 处，断头在第三页综，掐头在第一页综前，拉出断头拖在布面。

第二次在废边筒子架一面，布面位置离边撑 10 cm 避开分纱板 5 cm 处、断头在最后一页，掐头拉出纱尾巴，不超过 2 cm 为限，留出布面。

3）处理方法。

第一次：人站在车后盘片旁，用锹片、摇杆找头法处理，穿筘方法可手引穿与穿钩穿。

第二次：人站在车前车脚处，用二步找头法处理，穿筘方法用穿钩穿纱头，可掐可不掐。

（2）断纬测定：

1）测定方法。测定机台一台，断纬位置二次。每次速度分别记录累加计算，质量合计扣分。

2）断纬位置。第一次筒子断纬处理，断在筒子架（外挡筒）留纱头 15 cm，机台处于自然状态。

第二次清纱储纬断纬处理。断在第一只储纬器上，织口是活线，清除一根纬纱开车。

3）处理方法。

第一次：人站在筒子架旁；

第二次：人面对储纬器。

（3）车后捉疵：

1）测定方法。测定机台一台，两次位置动作一次做完（双织轴以单轴各做一次，单织轴以中内夹板区分各做一次）。速度、质量合计扣分。

2）测定位置。第一只疵点在停经片到后梁之间。第二只疵点双后梁在第一根后梁到第二根后梁间，单后梁在后梁到织轴间。

（4）机下打结（各类机型）：

1）测定方法：测两次，每次 1 min，取其中最好的一次成绩，检查时按脱结、绕圈结、双尾结和超 0.5 mm 纱尾等扣除不合格结计数。

2）纱布结：纯棉纱　24 个/min，涤棉纱　20 个/min；
纯棉线　22 个/min，涤棉线　18 个/min。

4. 片梭织机测定方法

片梭织机测定方法类同喷气织机。

(1) 断经测定：

1) 断经位置。

第一次：断位在外侧（储纬器一面），布面位置离左边撑5～10 cm，断头在第一页综，掐头在综丝处，织口纱拉出。

第二次：断位在里侧（接梭箱一面），布面位置离右边撑15～20 cm，断头在最后一页综，掐头在综前筘后距织口 2 cm 纱头下沉下，织口纱头拉出。

2) 处理方法。

第一次：人站在车后盘片处，用锹片、摇杆找头法处理，可用穿钩或引穿两种方法。

第二次：人站在车前脚墙板处，用二步找头法处理。可用穿钩或引穿两种方法。

(2) 断纬测定：

1) 断纬位置。

第一次：筒子断纬处理，纬纱断在筒子上，机台处于自然状态，纱线明线（找断纬装置纬纱暗线），筒子纱尾自然下沉 20 cm。

第二次：储纬器正常纬纱，自然断纬明线，储纬器与导纱眼处卡断，纱尾自然下沉 15 cm。

2) 处理方法。人站在织机筒子架外侧，起步揿表。

(3) 车后捉疵：

1) 捉疵位置。

第一只疵点在第一轴停经片到后梁之间。

第二只疵点在第二轴第一根后梁到第二根后梁之间。

2) 处理方法。人站在车后织轴盘片处，起步揿表。

5. 剑杆织机测定方法

剑杆织机各项测定方法类同喷气织机。

(1) 断经测定：

1）断经位置。

第一次断经在第一页综眼，布面位置离经纱中央分纱板 5 cm处。

第二次断经在最后一页综眼，距布边 10 cm 处（触嘴一边）。

2）处理方法。

第一次挡车工双脚不得超过织轴盘板，起步开始揿表，起步前不碰经纱和机械。

第二次挡车工在车前车脚处，用车前织口找头法处理，起步开始揿表。

（2）断纬测定：

1）断纬位置。

第一次断纱在外侧储纬器后，纱尾放在储纬器架上，裁判按一次蓝色找纬按钮，使织口纬纱为全幅暗线，挡车工操作时必须转动拉去一根纬纱。

第二次纬纱在张力架与纬纱检测器之间，织口纬纱为明线，挡车工无须拉梭口纱尾即可开车。

2）处理方法。挡车工双脚不超过储纬架，起步揿表，右脚和前手不碰纬纱和机械。

（3）车后捉疵：

1）捉疵位置。

第一台车：疵点在停经片与后梁之间，摘头在停经片后，接头在后梁前面。

第二台车：疵点在后梁下面，摘头在后梁上面，接头在后梁下面。

2）处理方法。挡车工双脚不超过织轴盘板，起步揿表。挡车工二台车动作做完举手。

三、无梭织机主要疵点及预防方法

根据无梭织机分类及机型配置的不同，发生和形成的机械故障疵点也有不同。运转操作人员必须根据不同机械运动部位，分析故障与预防疵点的产生。现列出四种机型的部分重点机械疵点及其处理与预防方法，见表 8—1，表 8—2，表 8—3，表 8—4。

表 8—1　　喷气织机主要疵点及预防方法

主要疵点	预防与处理方法
纬缩	1. 检查和调整主喷、辅喷压的压力规定值 2. 检查和调整喷气时间和夹纱时间 3. 检查纱线张力是否均匀，重点在筒纱和经向边纱张力 4. 检查与调整吊综开口状态
脱纬（百脚）	1. 检查和处理综框与织口间有无大结头、粗节、毛羽、棉结 2. 调整开口量、开口时间、经纱张力、综框高度的不符规定情况 3. 检查喷气压力高低及各辅主喷嘴头的作用与清洁情况 4. 查探纬器作用 5. 检查与调整由于储纬器规格不符产生的长短供纱脱纬
边不良	1. 查绞边纱的用纱条件及定位状况，紧度与张力（包括增边、废边纱） 2. 查边组织穿法是否符合规定 3. 织轴边部硬度及引出经纱的宽度情况 4. 查卷取机构作用是否正常（包括废边卷取） 5. 查片综绞边与滑块作用 6. 查行星机构绞边时间是否正确 7. 查出口侧开口状态
边撑疵	1. 检查和调整边撑环（刺）及握持力和清洁灵活情况 2. 查经纱张力和后梁摆动是否符合织造织物要求，包括经纱引出角度情况 3. 检查边撑高低位置及经位置线 4. 查车间温湿度与品种、原纱条件

表 8—2　　片梭织机主要疵点及预防方法

主要疵点	预防与处理方法
油疵	1. 导梭齿磨损易产生经向油疵、应加强定期清洁与调整 2. 投梭机构及回梭链部位不清 3. 油渍、油污杂物的织入，查加油量与清洁工作方法 4. 经纱张力过小易产生布边油痕

续表

主要疵点	预防与处理方法
跳花、跳纱	1. 检查调整梭口高度和开口、闭合作用 2. 查经纱张力大小及送经装置作用 3. 查浆纱质量与车间温湿度情况 4. 查原纱质量在开口处情况，如粗纱、杂质、大结、毛羽等
轧梭（卡夹）	1. 调整开口与投梭、制梭等参数及作用 2. 查片梭、投梭、接梭连接件等部件器材质量如何 3. 电压和频率是否变动 4. 回梭链等部位的清洁作用

表 8—3　　剑杆织机主要疵点与预防方法

主要疵点	预防与处理方法
星跳、跳纱	1. 检查和调整上、下层经纱张力情况 2. 排除原纱与半制品质量的不良造成的疵点，高密织物时更为重要 3. 查边纱部位张力大小，增加边部上机张力 4. 查提综机构的动程状态
规律性双纬	1. 查纬纱张力及引纬区间的状态 2. 调整送接剑杆与夹纬情况和配合、时间与规格 3. 查电子提花的光电管、关联探测片的安装和质量情况，包括多臂机故障 4. 查选纬机构有无故障
边撑疵	1. 查上机张力情况及打纬角位置与边撑高低情况，包括经位置线情况 2. 查边撑刺环、刺尖质量及清洁情况 3. 调整开口、引纬夹纱时间，并检查纬纱张力、捻度质量
纬向横挡（稀密路）	1. 查经向张力补偿装置及作用 2. 查卷取系统调节作用和设定条件的配合情况 3. 查看钢筘平直度打纬时与织口密合情况 4. 查启动装置机构作用
纬缩或长短纬	1. 查储纬器作用及控纬器功能 2. 查筒子捻度、张力及接剑杆与夹纬情况 3. 高密强织物应查看开口与引纬时间配合情况 4. 查看多臂机构的开口时间迟、早情况

表 8—4　　　喷水织机主要疵点及预防方法

主要疵点	预防与处理方法
调边不良	1. 查边经的张力大小 2. 调整绞边机构作用和位子及边部穿筘方法 3. 检查电热割刀是否正常
双纬、纬缩或缺纬	1. 查纬丝飞行状态是否正常，调节水泵压力及部分机械装置作用，如测长盘、喷嘴、弹簧件 2. 查纬丝是否有长短，调节夹纬器时间和水泵喷射压力

四、织布挡车工操作的总体要求

织布挡车工操作的总体要求是“三到七要”：

三到，即：眼到、手到、心到。

七要，即：

要手眼一致：查布面时目光集中看手后，随后移动。

要全幅看到：查合堂布面做到不马虎，不大意，不形式，不漏掉一个隐患。

要重点突出：根据品种不同的关键疵布要重点查，不放过一个。主要查隐隐约约的粗经、错纬、云织、边百脚、条干、扳绞头、边断头等。

要掌握时间：巡回要按时，疵点要捉净，掌握均匀。布面拖纱要剪清，合理处理停台。

要近看细查：检查时必须走近仔细检查。

要借光检查：若看不清楚，必须借着光线进行检查。

要捉净疵点：必须把各种疵点全部清除掉。

五、喷气织机的巡回操作

1. 交接班工作

交接班工作是保证一轮班工作正常进行的重要环节，也是加强预防检查，提高产品质量的一项重要措施。交接班工作既要发扬风格、加强团结、互通情报、互相协作，树立上班为下班服务的思想，又要分清责任，做到交班以交清为主，为接班者创造良好的生产条件，接班以检查为主，认真把好质量关。

(1) 交班工作。认真做好“三清三理”工作。

1) 三清：

①主动对口交清当班的生产运转情况，如品种翻改、机械运转情况、经纬纱半制品质量等。

②交清各导布辊、卷布辊，要求清洁无回丝。

③交清运转机台，要全部开出（除了机、大坏车或通知停台车外）。

2) 三理：

①按规定方法处理好织轴“三头”，即多头、绞头、借还头。

②按规定方法处理好空管、坏筒，并把应更换的绞边纱、废边纱更换好。

③处理好接班者所检查出的问题。

(2) 接班工作。提前 20～30 min 到岗，做好“一清”“四查”“一了解”工作。

1) 一清：

认真做好包管机台的清洁工作。

①清洁工具（各厂自选）。一把掸帚，两块揩布。

②清洁工作的方法。要求从上到下，从前到后，从左到右，边清边查，把整个机台清洁一遍。做到轻、细、稳、准，逐台进行。

③清洁要求。轻扫、轻抹、不准扑打，防止飞花飞扬和沾污纱布。

④清洁工作顺序及项目。清洁项目可根据不同机型加以适当调整。

（机台出口侧）右面开关面板→废边桶→信号灯→回综弹簧防护罩→废边纱塑料罩→踏盘箱→齿轮箱→电箱→废边装置→绞边纱装置→停经托架→后杆→机台进口侧→停经托架→绞纱架装置→纬纱筒子架→回综弹簧防护罩→储纬器→左面开关面罩（停

车）→从里到外揩综框吊综绳→从外到里揩钢筘、边撑→探纬器→从里到外揩胸梁挡板。

⑤清洁周期。8 h一次大清洁，班中不少于两次小清洁，具体规定由各地区、各厂自订。

有吸尘装置的车间可不做班中小清洁。

班中小清洁顺序及重点项目有：前车头、挡板、探纬器、储纬器张力夹片、游星纱罩壳。

2）四查：

①机台清洁结合机械检查。边清边查机械的顺序及项目如下：

（机台出口侧）废边弹簧及张力器→停经架盖板→后杆螺钉→经纱定位夹→（机台进口侧）停经架盖板→主气管→纬纱张力夹片→储纬器→主喷管→左边撑→左边剪→左回综弹簧防护罩→右边剪→右边撑→废边纱导向轮→探纬器→探纬器反射器。

②布面检查结合机械检查。挡车工做完清洁后，要对自己所看管机台全面细查布面一遍，执行三段布面检查，即织口→胸梁挡板→导布辊、卷布辊。

主要检查项目有：

a. 连续性机械疵点、两边的边剪作用及布面张力、毛边长短（0.2～0.8 cm）。

b. 地组织、边组织、绞边纱及废边纱的穿法。

c. 落布弹簧、手柄、吊带等。

③经纱检查结合机械检查：做好所挡机台多头、绞头、借还头及经片结剥等的处理。同时检查车后机械项目，如经停插销、游星插销、游星罩、停经片直条等。

④查看键盘：按键盘上的班次计数键查看上一班的效率产量、停台次数等运转数据，以便做到心中有数。

2. 巡回工作

巡回工作是开关好机台，减少停台和疵布产生的有效方法。

它主要包括检查布面、经纱、机械、处理停台四大工作，合理地掌握巡回时间，执行巡回路线，做到巡回有规律、工作主动有计划，做好预防检查，防疵捉疵，实行不拆坏布，有效提高质量与生产效率。

(1) 巡回路线。根据无梭织机车速快、不拆坏布的原则，巡回路线采用1∶1、1∶2（布面∶经纱）两种方法，各地区可根据不同机型排列、看台确定不同的巡回路线（车弄宽或单面车弄应采用1∶2巡回路线），见图8－1。其中——为第一个巡回；－－－为第二个巡回；▨为布面弄，□为经纱弄。

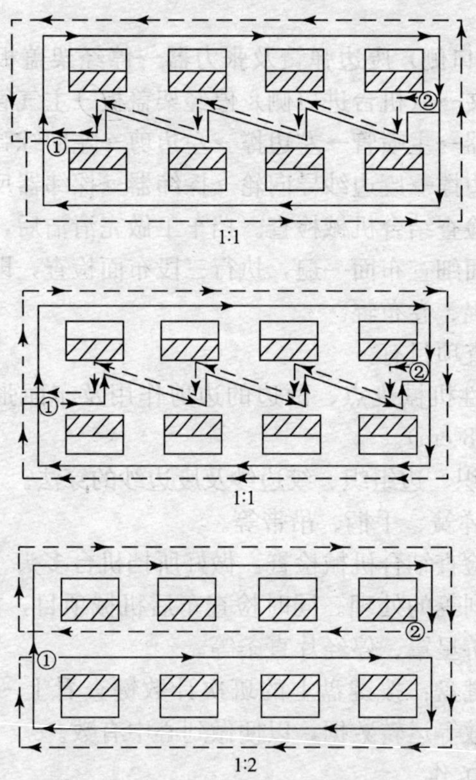

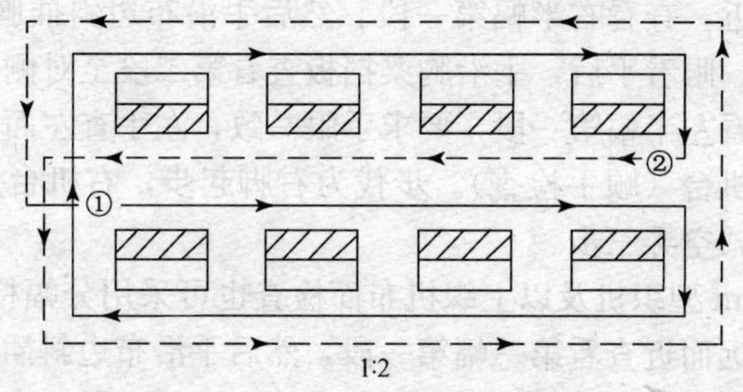

图 8—1　巡回路线图

结合无梭织机特点和生产条件的改善，应逐步发展“三为主”的巡回操作，即以经纱检查为主、抢开停台为主、重点检查为主的巡回路线。每一个巡回的第一台车为重点检查机台。

（2）巡回时间。巡回时间由各厂根据不同的机型和看台数而定。

（3）巡回检查。

1）布面检查。主要是为了发现疵点和防止疵点的扩大与产生，并对疵点进行判断分析和处理。

检查范围分两段：第一段，综丝→织口；第二段，织口→胸梁挡板。

检查方法：侧身，手放胸梁挡板前（不拿纱剪），采用弧形或平形、目光看手后面的方法检查布面。先查右面机台，再查左面机台。无挡板可采用平形。

动作分解：

190 cm 型织机进车弄前，看储纬器、筒子架。右脚起步，目光由远而近查看右机台第一段。然后手沿布边斜插胸梁布面，由近到远，眼看手后，手沿胸梁挡板查看第二段至对侧布边弧形滑下，要求手眼一致，左手查左面机台，右手查右面机台（顺手检查）。步伐为右脚起步，右机台四步，左机台三步，空弄三步。

280 cm 型织机进车弄前看储纬器、筒子架。右脚起步，目光由远而近，查看右半幅第一段。然后手沿布边斜插胸梁布面，由近到远，眼看手后，手沿胸梁挡板查看第二段至对侧布边弧形滑下。回看左半幅第一段，要求手眼一致，左手查左面机台，右手查右面机台（顺手检查）。步伐为右脚起步，右机台六步，左机台四步，空弄三步。

280 cm 型织机及以上织机布面检查也可采用分幅检查方法。具体是由远而近查看第一幅第一段，然后手沿布边斜插胸梁查看第一幅第二段，再查第二幅第一段及第二幅第二段。先查右面机台再查左面机台（顺手检查）。

2）经纱检查。检查经纱，主要是清除各种纱疵，处理多头、绞头、借还头和疵轴，预防和减少经向疵点造成的停台，提高织机效率和产品质量。

检查范围分四段：第一段，综丝→经片；第二段，经片→第一根后梁；第三段，第一根后梁→第二根后梁；第四段，第二根后梁→织轴。

检查方法：采用侧身，手拿纱剪，手眼一致。根据机型不同，单后梁采用一刮三看，双后梁采用二刮四看。全幅刮经纱，要求直线进行，做到根根经纱要挑动。280 cm 型织机双轴分开检查。

一刮三看方法：右脚起步，由近到远看第四段，由远到近看第一段，边刮边看第二段（手拿纱剪、顺刮）。步伐为右脚起步，跨二步，后交叉一步。

经纱处理采用剥、剪、捻、换的方法，借用纱或多头要垂直、理顺，不能交叉斜行。

更换绞边筒子的顺序是取下空筒子，把满筒子装上，并细心检查筒子是否装对，插销是否插好，以免损坏绞边装置。

3）机械检查。

检查范围包括接班工作时的机械检查，处理停台时的机械检查，具体如下：

①断纬停台：查看一下张力夹片飞花、探纬器有无积花。引纬路线、主辅喷嘴堵塞、纬纱质量、储纬情况、电磁阀、气压大小等作用。

②断经停台：同一部位有规律的断经，应检查钢筘综丝、停经片起毛损坏，辅喷嘴有无顶纱。

③无故停台：要检查停经片，停经插杆是否在位，绞边、废边张力是否正常。

④连续断边：要检查边纱是否穿错，开口不清，钢筘磨损等。绞边纱断，查游星纱绞纱作用及张力。

检查可贯穿于整个轮班操作中，用耳听、眼看、鼻闻、手抚摸的方法，主动检查机械，分析原因，及时联系处理，做到预防为主。耳听机器运转中有异响；眼看地面有机件或螺钉、坏车信号；鼻闻有异味；手抚摸查布面松紧程度、机器异常振动。

4）重点机械检查。

重点检查分三部位：

①筒子架→储纬器→主喷嘴；

②左边剪→毛边长度→边撑→综框夹板→右边撑→边剪→毛边长度；

③探纬器→探纬器反射器→废边导向轮。

重点检查部位的内容见表8—5。

表8—5　　重点机械检查的部位

序号	机件名称	内容要求	检查方法
1	筒子架	筒子架位置，导纱路线畅通，锭杆位置正确	眼看或手摸
2	储纬器	储纬器卷纬测长信号灯闪亮，卷纬无重叠，瓷眼不缺损，张力夹片导纱位置正确，张力片不缺损	眼看
3	主喷嘴及辅喷嘴与接力喷嘴	无异物、纬丝、花衣搭住，纱线畅通，各接力喷嘴、辅喷嘴气流不扩散，正常引纬	眼看或手摸

续表

序号	机件名称	内容要求	检查方法
4	边剪	毛边长度符合规定，边撑位置适中、无松动	眼看或手摸
5	边撑	边撑不松动，张力作用正常	眼看或手摸
6	绞边机构	绞边纱线畅通，布边符合质量要求	眼看
7	综框夹板	不碰撞、无异声，综框不歪斜和抖动，夹板不缺损和松动	眼看
8	探纬器	有无花衣堆积，位置正确不缺损	眼看
9	废边导向轮	不松动、歪斜，作用良好	眼看、手摸
10	信号灯、计码表	作用正常，操作使用功能良好	眼看或手摸

检查方法：每一巡回重点检查一台。检查机台的确定采用逐台戴红花、二头戴红花检查法，发现机件缺损、电气故障应及时用键盘输入信号显示。也可根据各厂具体情况自定。

重点检查顺序：查第一部位→第二部位→第三部位→从右到左查织口到胸梁挡板间布面→从左到右查胸梁挡板到导布辊间布面。

各地区可根据不同机型针对性地增加和调整重点检查的机械部件等项目。

(4) 巡回处理。

1) 目光运用。要求进车弄看前面，出车弄看整体，机组之间看左右，目光运用灵活。

2) 停台分析。从机械故障及前工序半制品的质量包括原纱质量等方面进行分析，机械故障详见巡回检查部分。

①经向停台的几种常见原因及预防方法：

a. 大结头、花衣块（已浆过）带断，检查经纱时应及时剪断或摘除。

b. 脱结：由于前道工序与本工序结头不符合要求造成，因而要求结头小而牢，符合要求。

c. 羽毛纱被拌断或绞断：发现有羽毛纱及时摘除。

d. 经纱绞在停经片后结剎（花衣造成）：应及时清理经纱上的花衣。

e. 绞头造成停台：应及时处理绞头，梳理对接。

②纬向停台的几种常见原因及预防方法：

a. 纬纱在进口侧布边形成双纬、无规律，应顺着双纬的起源看经纱上是否有大结头、小辫子、花衣块、花衣毛等，碰断纬纱而造成断头，如发现有疵点应及时处理。

b. 纬纱在织口内形成双纬、无规律，应顺着双纬的起源看经纱上是否有大结头、小辫子、花衣块、花衣毛等，碰断纬纱而造成断头，如发现有疵点应及时处理。

c. 断纬后，查看纬纱是否弱捻线或纬纱粗细不匀，发现及时换掉。

d. 纬纱吹出主喷嘴后，超过探纬器停台，查看探纬器是否有花衣。

e. 纬纱吹出主喷嘴后未到头，连续几次在同一位置，属机械毛病，应叫机工修理。

3）停台处理原则。按目光运用范围，掌握巡回时间，先近后远，先易后难，向前不向后，先纬停后经停，机动处理停台。

4）看台数。根据停台处理原则，每个小巡回至少要处理看台面 50％停台，如每个小巡回中无纬向停台、经向停台，开满 2 台后，多开经向停台作加分处理。

3. 单项操作

（1）断经处理。

1）找头方法。

①机后找头：一手揿头，一手摇摇杆；眼看显示灯，尽快找出断头。经纱断头接好，按一定的织机工艺规格，将经纱穿入经片、综丝、钢筘、手拉直经纱开车。

⑵机前找头：当在机前直接能判断断经位置时，可采用一步、两步、三步找头法处理。

一步找头法：断经在综后不与邻纱相绞，左手可直接伸向综后找出断经纱尾，进行掐头打结。

两步找头法：断经在综前与邻纱相绞，先用右手食指在织口前断经处挑起左边经纱，左手插入筘后，分清搅乱的经纱，找出纱尾，进行掐头打结。

三步找头法：断经在综后与邻纱相绞，先用左手在织口前断经处，挑起右边经纱，右手插入综前将纱分开，左手伸向综后找出纱尾，进行掐头打结。

2）穿头方法。可分手引穿、穿钩穿两种。

①手引穿。

穿综：接好头后，右手拇指、食指将接好的经纱头端双根粘合，左手将断经处经纱分开；右手将粘合的经纱穿入综眼，然后用拇指顶住综丝，食指、中指将纱头夹出，搭上钢筘。

穿筘：人转到车前，将穿过综眼的经纱，左手在筘后用拇指、食指拉住接好的纱尾，中指插入纱层。引出同一筘齿的相邻经纱，将接好的经纱从同一筘齿纱的下层穿过，食指、拇指拉住纱头，中指顶住同一筘齿经纱。右手拇指、食指在钢筘前引出纱头，拉紧然后开车。

②穿钩穿。

穿综：左手拉住经纱，且中指、食指夹住综眼下端，大拇指顶住综眼上端，使综眼固定，右手穿钩倾斜插入综眼，进行钩纱，右手向下移动。两手相互配合，避免钩空。

穿筘：左手拉住穿过综眼的经纱，同时分清该筘齿内上下层经纱，右手将穿钩轻轻穿入该筘齿，钩住经纱拉出，严禁顺倒滑筘，以防损坏钢筘。

3）经停处理要求。

①经、纬纱同时断头，应先处理经纱，然后再处理纬纱。

②开车后，查看织口有无其他疵点，等织过 1～2 cm 后将拖纱剪掉，边部的断头分两次开车，收好回丝，放入工作围裙口袋

里，集中丢在废边桶里。

③注意安全生产，剪刀头等工具不要碰坏钢筘等器材。

(2) 断纬处理。

1) 处理方法。不同织机处理方法有所不同，下面为丰田喷气织机的处理。

①按反向寸动按钮，织机在后死心 180°停车。

②通过导纱器传递纬纱。

③在摁按钮时，将纬纱引入导纱眼，在引入后纬纱从对面的卷绕臂跑出。

④用右手握持从卷绕臂出来的纬纱，保持压揿滚筒卷绕按钮，直到卷绕臂运动停止，滚筒周围卷绕纬纱即停止。

⑤用右手按主喷嘴喷气按钮，让握持在右手中的纬纱被吸入主喷嘴，在主喷嘴外面切断纬纱。

⑥拿出织口中的纬纱（可能是一幅或一幅不到），并检查织口中的纬纱是否已拿清。

⑦按运转按钮。

2) 处理要求。

①目光运用范围内发现筒子露底，操作者要主动换筒，露底具体见标样（标样各地自定）。如部分企业有条件实行过筒对结的，可实行过筒法换筒，但要结合测定要求考核。

②检查纬纱质量、纱特数、筒管色记等。

③开车后检查布面是否正常，收好回丝，入袋。

(3) 车后捉疵。

1) 处理方法。在车后巡回时，发现经纱上的不良纱疵，可分别采用剥、剪、捻、换的方法处理。

剥：发现花衣附着，纱头搭入或棉花籽壳，可用手指剥去。

剪：发现棉球、大结、花衣块，可用剪刀剪去。

捻：发现经纱弱捻及羽毛竹节，可用手指捻转，使其加捻。

换：发现粗经、竹节、浆花衣块等，应将这段疵纱摘去，用接头纱重新接好。

2）处理要求。

①借用经纱时，后杆经纱定位夹要垂直对缺纱位置，使停经片保持正常跳动状态。借头要及时还回。

②后杆经纱定位夹的两个穿纱环应分别穿入不同用处的经纱，里面一个眼子用于借还头，外面一个眼子用于处理倒断头、绞头、多头，多头穿于废边纱中，不准纱线绕过后杆。

③车后机上绕对结：右手拿布端经纱，左手拿盘头经纱压在右手纱上面。右手纱尾在左手拇指上绕成圈状，右手食指钩布端，经纱压在左手头端，然后由拇指将左手纱头端纳入圈内，右手食指钩住布端纱尾拉紧，左手拇指、食指捏紧结头，右手中指将纱尾摘除，纱尾入袋，如图 8－2 所示。

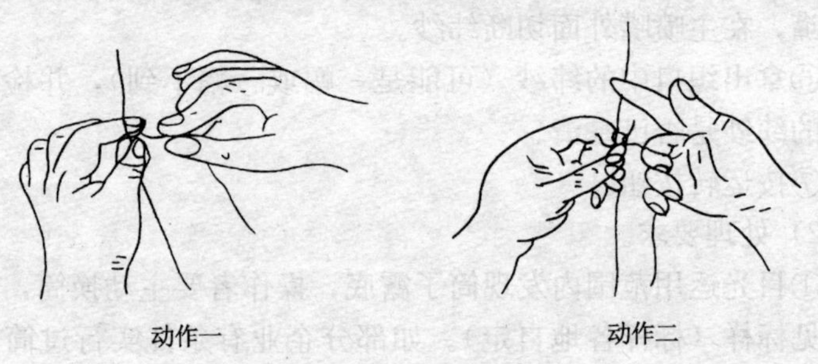

图 8－2　对结图

（4）机下打结。

1）打结形式。打结形式有织布结和蚊子结两种。

织布结见图 8－3。左手大拇指、食指拉住左纱头，右手大拇指与食指拉住右纱头，压在左纱头下（动作一）。右手纱往左手大拇指绕 360°大圈，将左右两根纱头都绕在圈内。然后右手纱继续绕小圈，将左纱头一根绕住（动作二），右手大拇指将已绕一小圈的左纱头往大圈内塞（动作三），同时用右手食指夹住拉紧右手纱（动作四）。

蚊子结见图 8－4。动作一同织布结。动作二，右手纱往左手

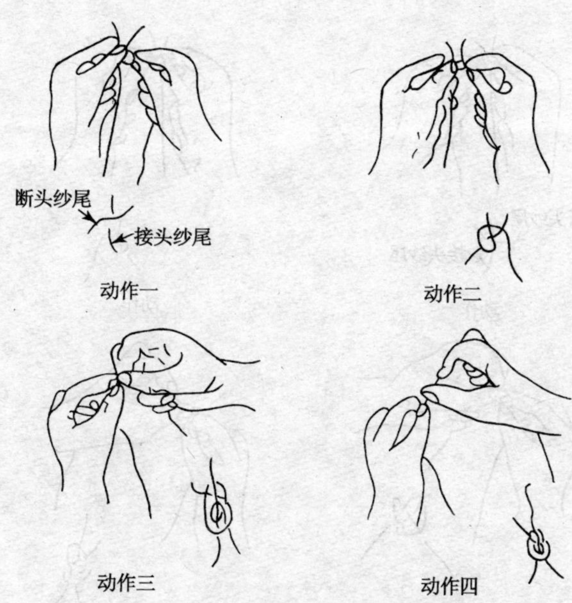

图 8－3　织布结

大拇指绕圈，将右手纱一根绕在圈内，使右纱压在左纱头上面。动作三，右手大拇指将左手纱尾纳入圈内。动作四同织布结。

2）打结要求。打结要小、快、好、稳、牢，结头纱尾长度不超过 0.5 cm，脱结、起圈结、并尾结（不易判断时用手拉一根纱尾，如结脱开就算）、长尾结、无尾结均为不合格结。

（5）绞边、废边纱处理

1）处理方法。左右两边的绞边纱，穿入筘时要细心操作，以免穿错。左面（靠主喷嘴一侧）绞边纱与地组织穿在一个筘里，右面绞边纱穿在地组织旁边一筘里，穿筘后与织物边部的三四根纱结在一起，压在边撑盒下，拉直开车。

2）处理废边纱时，将纱穿过综筘，压在边撑盒下的轴槽里与其他废边纱结在一起。具体方法见图 8－5。

3）处理要求。在调换绞边纱时，按正向或反向寸动按钮，

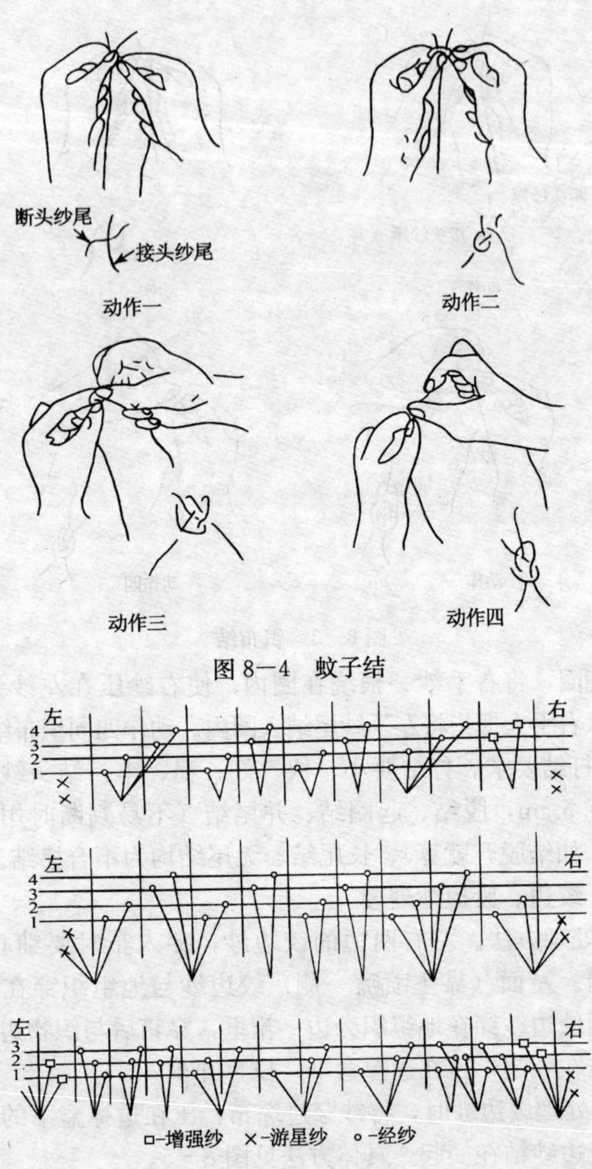

图 8—4　蚊子结

图 8—5　绞边纱

调到使绞边纱容易引入的位置，调换绞边纱，插好插销，继续反向或正向寸动按钮使织机回到开头的角度。

AT 型喷气织机绞边纱要穿在纱罗边综内，在边组织旁穿过钢筘，压在边撑盒下开车。

（6）操作测定等级手评定。

1）操作测定得分分级。

优级手：总分 97 分及以上；

一级手：总分 92 分及以上；

二级手：总分 88 分及以上；

三级手：总分 85 分及以上；

级外手：85 分以下。

总分＝100 分＋各项加分－各项扣分

打分比例：断经 10 分，断纬 10 分，车后捉疵 10 分，机下打结 10 分，全项操作 60 分。

2）结合产质量的完成情况定级。

产量未完成，在总分定级基础上降一级。质量未完成，在总分定级基础上降二级。产质量均未完成，在总分定级基础上降三级。

3）测定表参照有梭织机测定表。

六、剑杆织机的巡回操作

1. 接班工作

（1）提前 15 min 进车间，认真做好分管机台的清洁工作。

（2）清查要仔细，按规定内容和方法，认真做好看管机台的清洁和仔细查看有关机件的松动缺损，使本轮班工作正常运转，提高产品质量。

（3）了解上一班的情况。

2. 交班工作

（1）三交清。

1）交清本班机械运转及生产品种变动、供应情况。

2）交清本班布面及半制品质量情况和产生的连续性疵点。

3）交清织轴上的三头（借头、绞头、多头）废边回丝及筒管。

（2）一检查。交班灯亮后，要将全部机台的布面再详细检查一遍后下班。

3. 全面巡回操作

巡回的过程是发现矛盾、解决矛盾的过程，挡车工必须有规律地进行巡回，掌握巡回时间，在巡回中对布面、织轴机械进行检查。贯彻预防为主的精神，防止布面疵点的产生和机械故障的扩大，并做好机动处理停台，从而体现巡回工作的重要性和科学性。

（1）巡回路线。以预防疵点的产生不拆坏布为原则。以1∶1巡回路线为例，八台车如图 8—6 所示。

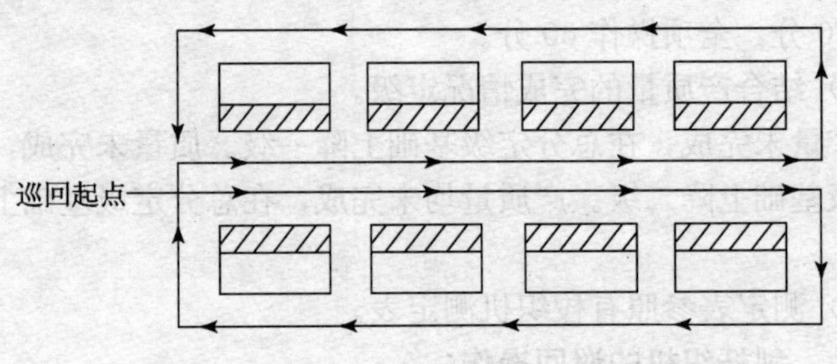

图 8—6　1∶1巡回路线

（2）看合堂布面。

1）目光：采用三看。

一看：上车先看小弄两台车的邻车布面情况是否正常。

二看：看综前筘后经纱。

三看：查织口到布面盖板之间的布面及木棍。

2）手势：采用一字形，五指并拢。手距布边 3～5 cm，向前直线移动检查。

3）顺序：先右后左。

4）要求：做到“三到七要”（见前述）。

（3）检查经纱。

1）方法。

①根据机型特点，采用三看二刮。

一看：上车看综丝停经片之间的经纱。

二看：停经片至后梁之间的经纱。

三看：看后梁下的一段经纱。

一刮：刮停经片至后梁之间的一段经纱，目光跟着被刮动的经纱。

二刮：刮后梁至盘头之间的一段经纱，要全幅刮到。

②后巡回要灵活掌握：摘、剪、剥、捻、换五种方法，捉净经纱疵点，合理借还边纱及时处理好三头（多头、绞头、倒断头）查防织疵的产生。

③握纱剪手势：拇指与中指倒夹纱剪头部，用纱剪尾部刮经纱。

2）要求。

①要捉净纱疵、花块、大结、经纱上附着纱头等，使开口清晰，经纱容易通过综筘，无障碍。

②纱剪刮纱用力适当，要能使经纱弹跳翻动，清除扳头和并头并及时对接好。

3）目光运用。

①前后巡回进出车弄时，抬头或回头看该弄和周围机台的信号灯，对停台情况做到心中有数，便于掌握巡回速度，尽早处理停台。

②后巡回过车弄时，目光交叉看斜对面机台的合堂、布面及停台情况。

③后巡回经过布面弄时，目光看该弄的停台情况（信号灯）。

4）机动处理。

①前后巡回时，以处理前方停台为主，凡查一台车，其中段

二台车范围内的停台数可机动处理，原则上不走回头路。

②处理停台要掌握先近后远，先易后难，要服从巡回时间，在确保巡回时间和质量的前提下，尽可能用最快的速度处理停台。

(4) 单项操作。单项操作是整个工作法的重要组成部分，每个挡车工都要勤学苦练操作基本功，熟练掌握各种单项操作要领，不断提高技术水平。

1) 断经处理。

①断经处理测定统一摆法：两台车为一组。

在摆断经时，第一车在距边撑 10 cm 处，第一页综丝，第两台车中间纱放左侧 10 cm，第三页综丝，织口前 3 cm 处摘掉，断经在综丝后和停经片之间（纱尾均甩向右边）。

②测定时一律采用三步法，从碰物开始，开车举手为止。断纱放置综框后面。左手在织口挑纱，右手在筘后分纱，左手移到综后拿头，将头拉到综前，接上接头纱，穿综、筘，开车剪纱，打结。处理第两台断经时，在车后寻头将烂纱摘净，然后将接头纱接好，甩在综丝后。

③两台断经摆法见表 8—6。

表 8—6　　两台断经摆法

车号		断经位置	断经所在综
第一组	1#	离左侧边撑 10 cm	第一页
	2#	中间分纱板左侧 10 cm	第三页

④断经停台判断法。

在前巡回中发现前方红灯停台，则表示经向停台，确认停台位置，目光从近到远看布面织口是否起圈和经缩，找出断经位置。

在后巡回中发现停台，可手摇停经片，平划停经片头。

如布面和经纱均无关车因素和现象为无故停台。

2) 断纬处理。

①断纬处理测定统一摆法（二台车）见表 8—7。

表 8—7　　断纬处理测定统一摆法

车号		断纬位置	摆头位置
第一组	1#	引纬器和储纬器中间（外）	纬纱摆在引纬器上
	2#	储纬器和筒子之间（外）	纬纱摆在筒子上

②断纬停台判断法。

在巡回中发现黄灯停台，走进机台前查看。

选纬器、引纬器、夹纱片是否有花衣、回丝堵塞、纬纱吊紧或拉断。

剑带头螺钉是否松动，是否有花衣、回丝堵塞。

纬纱断头在织口中需退纱，拉清断纬，然后引纱开车。

3）换经纱疵点。采用“56”式结（即织布结）再对接的方法，不同部位疵点采用不同方法。

①换后梁至导纱辊之间的疵点，先“56”式结再对接。

②换停经片至后梁以下疵点，先“56”式结再对接。

③换停经片至后梁以下的绞头，先摘断一根绞头，用接头纱接头，随即扣在后梁下的经纱上，再把另一根绞头摘断与织轴上第一根纱对接好，然后将第一根纱扣在后梁下的经纱与织轴上第二根纱对接好。

④换近综丝疵点。在片后分出纱疵，摘断接头纱，两头分别用“56”式结，接断纱，手放开，自然停台到车前拉出疵纱开车剪纱，指标为 80 s，慢 1 s 扣 0.1 分，动作快不加分。

4）机下打结。

①采用“56”式打结法，要求做到小（结头纱尾不超过 0.7 cm)、牢（不脱结)、快（速度快)、稳（不打空结)。

②打结要领。摆头稳、绕头快、塞头好、抽头紧、摘头爽，各个动作之间要连贯协调，做到稳、准、连贯、敏捷、协调、紧凑。

③结头质量要求外形成八字状，不起圈，不并结，不超长，

不脱结。

④打结标准。

一级手：每分钟 24 个以上，每少一个扣 0.5 分，超过指标不加分。

优级手：全面单项无扣分，结头每分钟达到 30 个，超过部分每个加 0.1 分。

5）等级手评定。

优级手：总分 100 分以上，全面单项无扣分，产量质量完成。

一级手：总分 96 分以上，三个单项扣分不超过 3 分，产量质量完成。

二级手：总分 92 分以上。

三级手：总分 88 分以上。

级外手：总分 88 分以下。

产量未完成，在总分定级基础上降一级。质量未完成，在总分定级基础上降一级。产量、质量均未完成，在总分定级基础上降二级。连打结未达到降一级。

6）注意事项。

①单项扣分方法参照自动布机操作法。

②全项扣分方法参照自动布机操作。

模块九　安全操作规程和消防知识

一、安全操作规程

1. 安全共同守则

（1）新进厂的职工必须进行三级安全教育，即：厂级安全教育、车间安全教育和所在班组安全教育，经考试合格后，方可独立操作。

(2) 工作时必须穿戴好规定使用的劳动保护用品。不准穿裙子，不准穿中、高跟鞋及拖鞋从事生产操作。

(3) 交接班时要检查工作范围内设备的安全装置是否完好和符合标准，并在工作中时刻注意，发现损坏要立即报告。

(4) 修理用具、清洁用具以及其他物品，要妥放在指定地点，不要放置在转动机件（如齿轮、传动带）附近，以免卷入而发生事故。传递工具及其他物品时禁止投掷。

(5) 机台上有警告标记的，要注意执行。凡有揩车、修理等指示牌的机台，不准随便触动，更不准开动电动机。

(6) 机台上装置的安全罩、挡板、栏杆及保险、信号装置等一切安全设施，不准随便拆除或移动。

(7) 电气设备或线路如有损坏，应请电工修理，不得擅自拆装。电箱内外，不准堆放杂物。

(8) 开车、试车要相互呼应，防止误伤。如有违章操作情况，要相互监督，及时指出和纠正。

(9) 工作时应严格遵守劳动纪律，不得擅离工作岗位，不准打闹、追逐和斗殴。

(10) 各部门一旦发生事故，应立即报安全技术科。对重大嫌疑事故应妥善处理，保护现场，由保卫科、安全技术科和所在部门领导分析处理。

2. 安全操作规程

(1) 必须牢记安全生产方针，即：生产必须安全，安全为了生产。

(2) 挡车工在工作时，应集中思想，严格执行安全操作规程，不发生任何人身、机械事故。

(3) 巡回操作时要注意车弄情况，以免撞伤和滑跌。

(4) 发现机器、电机有异响、异味，应立即停止运转，通知机工详细查明原因，修复后开车。

(5) 飞梭防护装置损坏时，应立即关车通知机工修理，修好后再开车。

(6) 接班时，车前重点清洁吊综、筘座时，必须等布机停妥后再做清洁工作。

(7) 两人或两人以上在同一台车上工作时，开车前必须互相呼应后方可开车。

(8) 自动布机开车启动时，不能直接把开关柄推上，应打1～2次慢梭，防止轧梭。

(9) 纬纱叉、梭库、扬起背板扎有回丝时应关车后拉出，严禁开车时拉回丝，以免撞伤，造成事故。

(10) 发现换梭安全装置活动杆、换梭安全装置钩脱开时，必须弄清原因后，方可扳上自动调梭。

(11) 发现轧梭、飞梭现象，立即通知机工检查，修理后方可开车。

(12) 发现布倒卷在刺毛辊上时，必须关车后处理。

(13) 被动调梭子，要把梭子平放入落梭箱内，不能站在车前竖放，以防凿坏梭子而发生意外。

(14) 机工在修车时，应竖红牌子，挡车工看到红牌子竖起，不准开车，以免发生意外。

(15) 遇到被动换梭时，不可从梭库底边去挖取梭子，应从梭库上面取梭。梭库内不足5只梭子时，不可开车时取梭子，以免发生意外。

(16) 布机启动开关时，如遇故障（按钮弹不出，电动机不启动），应通知电工修理，不可擅自用铁件或硬物触动，以免发生意外。

二、消防知识

1. 厂区范围内一律禁止明火。纺织生产车间、油房间、更衣室、揩检室、仓库区域等，除指定吸烟点外，一律不准吸烟，以杜绝火种。

2. 凡带有火种的工作（如电焊等），因生产需要进入车间或邻近纺织车间工作时，有关部门须事先办理用火手续，征得安全技术科、消防队同意，并采取严密的防范措施后，方可进行。

3. 厂区各处设置的消防设施，不准随便移动或挪作他用，周围不准堆放任何物件。使用过的灭火器，应及时通知消防队更换或加药。

4. 厂区任何场所发生火警时，应做到报警早、扑救快。

5. 企业职工应贯彻“预防为主”“防消结合”的方针，认真学习防火知识和灭火方法，严格执行安全防火制度。

6. 正确使用各种灭火器。

职业技能短期培训教材
第一批

序　号	教 材 名 称	定　价
1	Windows XP 入门与应用	7.00 元
2	文字录入与处理	8.00 元
3	电子装接工基本技能	7.00 元
4	餐厅服务基本技能	7.00 元
5	客房服务基本技能	6.00 元
6	烹饪基本技能	9.00 元
7	美容基本技能	7.00 元
8	美发助理	5.00 元
9	保健按摩基本技能	6.00 元
10	服装制作基本技能	12.00 元
11	服装缝纫基本技能	5.00 元
12	家庭服务基本技能	6.00 元
13	家庭钟点服务基本技能	6.00 元
14	月嫂服务实用技能	9.00 元
15	超市仓库保管	7.00 元
16	插花	9.00 元